Wolfram Cremer/Olaf Deinert
**Fremdpersonalverbot in der Fleischwirtschaft
auf dem Prüfstand des Verfassungsrechts**

D1640871

Das HSI ist ein Institut
der Hans-Böckler-Stiftung

Band 50
HSI-Schriftenreihe

Fremdpersonalverbot in der Fleischwirtschaft auf dem Prüfstand des Verfassungsrechts

Wolfram Cremer/Olaf Deinert

BUND
VERLAG

Bibliografische Information der Deutschen Nationalbibliothek
Die Deutsche Nationalbibliothek verzeichnet diese Publikation
in der Deutschen Nationalbibliografie; detaillierte bibliografische Daten
sind im Internet über http://dnb.d-nb.de abrufbar.

© Bund-Verlag GmbH, Emil-von-Behring-Straße 14, 60439 Frankfurt am Main, 2023

Umschlaggestaltung: A&B one Kommunikationsagentur GmbH, Berlin
Satz: Reemers Publishing Services GmbH, Krefeld
Druck: CPI books GmbH, Birkstraße 10, 25917 Leck

ISBN 978-3-7663-7367-0

www.bund-verlag.de

Vorwort

Der dringende Handlungsbedarf angesichts der Arbeitsbedingungen in der Fleischindustrie war schon seit mehreren Jahren Thema. Die erschreckenden Zustände, offensichtlich unzureichender Arbeitsschutz und die verheerenden gesundheitlichen Folgen für die zu einem großen Teil migrantischen Beschäftigten rückten während der Corona-Pandemie jedoch stärker in den Fokus der öffentlichen Aufmerksamkeit. Wiederholte Verstöße gegen geltendes Arbeitsschutzrecht in großem Ausmaß sind empirisch belegt.

Die Politik hat im Jahr 2020 mit dem Arbeitsschutzkontrollgesetz und konzentrierten Kontrollen in Betrieben der Branche reagiert. Mit dem Herzstück der Neuregelung ist die Fremdvergabe von Arbeiten in der Schlachtung, Zerlegung und Fleischverarbeitung in Form von Werkverträgen untersagt und der Einsatz von Leiharbeit erheblich eingeschränkt worden.

Die von betroffenen Unternehmen gegen das Arbeitsschutzkontrollgesetz eingelegten Verfassungsbeschwerden sind vom Bundesverfassungsgericht nicht zur Entscheidung angenommen worden. Mit den höchstrichterlich somit nicht beantworteten materiell-rechtlichen Fragen befasst sich das vorliegende Gutachten, das vom Deutschen Gewerkschaftsbund in Auftrag gegeben wurde.

Prof. Dr. Wolfram Cremer, Ruhr-Universität Bochum, und Prof. Dr. Olaf Deinert, Georg-August-Universität Göttingen, untersuchen im vorliegenden Band insbesondere, inwiefern dieses Verbot des Fremdpersonaleinsatzes in der Fleischwirtschaft mit den verfassungsrechtlichen Vorgaben zu vereinbaren ist. Im Zentrum der Untersuchung steht dabei die Berufsfreiheit der Werkvertragsunternehmen bzw. der Verleihunternehmen auf der einen und die Verantwortung für Leben, Gesundheit und soziale Rechte von Beschäftigten auf der anderen Seite.

Wir wünschen eine anregende Lektüre

Prof. Dr. Johanna Wenckebach
Wissenschaftliche Direktorin des Hugo Sinzheimer Instituts

Inhaltsübersicht

Inhaltsverzeichnis

Abkürzungsverzeichnis

AcP	Archiv für die civilistische Praxis
AEntG	Arbeitnehmer-Entsendegesetz
AEUV	Vertrag über die Arbeitsweise der Europäischen Union
a.F.	alte Fassung
AFG	Arbeitsförderungsgesetz
APuZ	Aus Politik und Zeitung
ArbSchG	Arbeitsschutzgesetz
ArbSchR	Arbeitsschutzrecht
ArbStättV	Arbeitsstättenverordnung
ArbZG	Arbeitszeitgesetz
AÜG	Arbeitnehmerüberlassungsgesetz
AuR	Arbeit und Recht
BAG	Bundesarbeitsgericht
BetrVG	Betriebsverfassungsgesetz
BFH	Bundesfinanzhof
BGB	Bürgerliches Gesetzbuch
BGBl.	Bundesgesetzblatt
BT-Drs.	Bundestagsdrucksache
BUrlG	Bundesurlaubsgesetz
BVerfG	Bundesverfassungsgericht
BVerfGE	Entscheidungen des Bundesverfassungsgerichts
BVerfGG	Bundesverfassungsgerichtsgesetz
DGB	Deutscher Gewerkschaftsbund
DVBl.	Deutsches Verwaltungsblatt
EMRK	Europäische Menschenrechtskonvention
EntgFG	Entgeltfortzahlungsgesetz
EU	Europäische Union
EuGH	Europäischer Gerichtshof / Gerichtshof der Europäischen Union
EU-GRCh	Charta der Grundrechte der Europäischen Union
EUV	Vertrag über die Europäische Union
FG	Finanzgericht
GG	Grundgesetz
GGO	Gemeinsame Geschäftsordnung der Bundesministerien
GOBR	Geschäftsordnung des Bundesrats
GOBT	Geschäftsordnung des Bundestags
GSA Fleisch	Gesetz zur Sicherung von Arbeitnehmerrechten in der Fleischwirtschaft
HAG	Heimarbeitsgesetz

HbdStR	Handbuch des Staatsrechts
JZ	Juristenzeitung
KJ	Kritische Justiz
LkSG	Lieferkettensorgfaltspflichtengesetz
MAGS NRW	Ministerium für Arbeit, Gesundheit und Soziales des Landes Nordrhein-Westfalen
MiLoG	Mindestlohngesetz
m.w.N.	mit weiteren Nachweisen
NGG	Gewerkschaft Nahrung-Genuss-Gaststätten
NJW	Neue Juristische Wochenschrift
npoR	Zeitschrift für das Recht der Non Profit Organisationen
NVwZ	Neue Zeitschrift für Verwaltungsrecht
NZA	Neue Zeitschrift für Arbeitsrecht
NZA-RR	Neue Zeitschrift für Arbeitsrecht Rechtsprechungsreport
RdA	Recht der Arbeit
Rspr.	Rechtsprechung
TVG	Tarifvertragsgesetz
TzBfG	Teilzeit- und Befristungsgesetz
VerfGH NRW	Verfassungsgerichtshof für das Land Nordrhein-Westfalen
VG	Verwaltungsgericht
VVDStRL	Veröffentlichungen der Vereinigung der Deutschen Staatsrechtslehrer
VwGO	Verwaltungsgerichtsordnung
ZG	Zeitschrift für Gesetzgebung
ZRP	Zeitschrift für Rechtspolitik

A. Kontextualisierung I: Sechs Verfassungsbeschwerden gegen das Fremdpersonalverbot in der Fleischwirtschaft aus dem Jahr 2021 und der dazu ergangene Beschluss des Bundesverfassungsgerichts vom 1. Juni 2022

I. Die Verfassungsbeschwerden

Insgesamt sechs Verfassungsbeschwerden (1 BvR 2888/20; 1 BvR 1152-1156/21) wurden gegen das Fremdpersonalverbot in der Fleischwirtschaft nach § 6a des Gesetzes zur Sicherung von Arbeitnehmerrechten in der Fleischwirtschaft (GSA Fleisch), insbesondere § 6a Abs. 2 GSA Fleisch in der Fassung vom 1. Januar 2021 und § 6a Abs. 2 und 3 GSA Fleisch in der Fassung vom 1. April 2021 sowie § 7 GSA Fleisch in der Fassung vom 1. Januar 2021 und vom 1. April 2021 (= Art. 2 Nrn. 5 und 6 sowie Art. 3 Nrn. 1 und 3 des Arbeitsschutzkontrollgesetzes[1] eingereicht. § 6a Abs. 2 GSA Fleisch verbietet es den Unternehmen, ab dem 1. Januar 2021 die Schlachtung, Zerlegung und Fleischverarbeitung durch Selbstständige erledigen zu lassen, also mit Hilfe der bisher in weitem Umfang eingesetzten Werkvertragsunternehmen. Diese Arbeiten dürfen nur noch durch eigenes Personal ausgeführt werden. Mit Wirkung ab dem 1. April 2021 schränkt § 6a Abs. 3 GSA Fleisch zudem die Leiharbeit in diesen Bereichen der Fleischwirtschaft ein und untersagt sie ab dem 1. April 2024 gänzlich. Für tarifgebundene Betriebsinhaber/-innen kann in der dazwischen liegenden Übergangszeit bei der Fleischverarbeitung der Einsatz von Leiharbeit im Umfang eines bestimmten Arbeitsvolumens zugelassen werden. Dieses darf jährlich max. 8 % des betrieblichen Arbeitszeitvolumens und max. 100 Vollzeitäquivalente betragen. Außerdem gelten verleiher- und entleiherbezogene Höchstüberlassungsdauern von vier Monaten sowie ein striktes Gleichstellungsgebot, das tarifvertraglichen Abweichungen nicht zugänglich ist. Schließlich bedarf der Einsatz von Leiharbeitskräften der vorherigen Anzeige bei der Zollverwaltung.

---

[1]   Vom 22.12.2020, BGBl. I S. 3334.

Der Anwendungsbereich des GSA Fleisch ist gem. seinem § 2 Abs. 1 S. 1 auf die Fleischwirtschaft beschränkt. Zur Fleischwirtschaft im Sinne des GSA Fleisch gehören gem. § 2 Abs. 1 S. 2 GSA Fleischbetriebe im Sinne von § 6 Abs. 9 des Arbeitnehmer-Entsendegesetzes (AEntG). Insoweit handelt es sich um Betriebe und selbstständige Betriebsabteilungen, in denen überwiegend geschlachtet oder Fleisch verarbeitet wird (Betriebe der Fleischwirtschaft), sowie solche, die ihre Arbeitnehmer/-innen überwiegend in Betrieben der Fleischwirtschaft einsetzen. Das Schlachten umfasst dabei alle Tätigkeiten des Schlachtens und Zerlegens von Tieren mit Ausnahme von Fischen. Die Verarbeitung umfasst alle Tätigkeiten der Weiterverarbeitung von beim Schlachten gewonnenen Fleischprodukten zur Herstellung von Nahrungsmitteln sowie deren Portionierung und Verpackung. Nicht erfasst ist die Verarbeitung, wenn die Behandlung, die Portionierung oder die Verpackung beim Schlachten gewonnener Fleischprodukte direkt auf Anforderung des Endverbrauchers/der Endverbraucherin erfolgt.

Damit werden sowohl das Schlachten und Zerlegen von Tieren erfasst als auch alle Tätigkeiten der Weiterverarbeitung der beim Schlachten gewonnenen Fleischprodukte zur Herstellung von Nahrungsmitteln sowie deren Portionierung und Verpackung. Das Finanzgericht (FG) Hamburg hat dazu entschieden, dass dies nicht auf die Arbeit am rohen Fleisch beschränkt sei, sondern auch die Herstellung von Nahrungsmitteln wie Wurst und Schinken erfasse. Demgegenüber seien der Verpackung nachgelagerte Tätigkeiten wie Konfektionierung oder Lagerung nicht mehr erfasst.[2] Ausschlaggebend ist nach § 6 Abs. 9 AEntG, ob im Betrieb überwiegend geschlachtet oder Fleisch verarbeitet wird. Unter Zugrundelegung der bisherigen Rechtsprechung des Bundesarbeitsgerichts (BAG) ist das arbeitszeitliche Überwiegen maßgeblich.[3] Die Arbeitnehmer-/innen müssten danach zu mehr als 50 % ihrer Arbeitszeit mit Tätigkeiten der Schlachtung und Fleischverarbeitung beschäftigt sein.

Während das FG Nürnberg eine Klage auf Feststellung, dass ein Betrieb nicht in den Anwendungsbereich des Direktanstellungsgebots falle, als unzulässig abgewiesen hatte,[4] hielt das FG Hamburg eine entsprechende Klage für zulässig und hat einen Wurstherstellungsbetrieb, in dem rohes und vorzerlegtes Fleisch weiterverarbeitet wird, als nicht vom Direktanstellungsgebot erfasst angesehen wegen der größeren Arbeitszeitanteile für Nebentätigkeiten sowie Tätigkeiten, die der Verpackung nachfolgen.[5] Ob das materiell-rechtlich zutref-

---

2   FG Hamburg 20.5.2021 – 4 V 33/21, NZA-RR 2021, 417.
3   BAG 13.5.2015 – 10 AZR 495/14, NZA 2015, 1127, Rn. 15 ff.
4   FG Nürnberg 20.7.2021 – 1 K 382/21, BeckRS 2021, 22123.
5   FG Hamburg 20.5.2021 – 4 V 33/21, NZA-RR 2021, 417.

fend ist, wurde in der Literatur bezweifelt, denn die nachgelagerten Tätigkeiten dürften, auch wenn sie für sich nicht der Schlachtung und Verarbeitung zuzurechnen seien, nicht der Fleischverarbeitung in Anwendung des Überwiegensprinzips entgegengestellt werden, sondern müssten bei einem Schlacht- und/oder Fleischverarbeitungsbetrieb, der mithin kein Mischbetrieb ist, nach dem Normzweck als Zusammenhangstätigkeiten diesen Tätigkeiten zugeschlagen werden.[6] Auf dieser Linie liegt auch die überwiegende nachfolgende Rechtsprechung der Finanzgerichte.[7] Leider hat es keine nachgehende Klärung durch den Bundesfinanzhof (BFH) gegeben, da dieser in der Beschwerdeentscheidung zwar den Finanzrechtsweg als eröffnet angesehen, das Rechtsschutzbedürfnis aber verneint hat, weil das Hauptzollamt als Antragsgegnerin Prüfungsmaßnahmen gegen die Antragstellerin weder durchgeführt noch auch nur angekündigt habe.[8]

Vom Direktanstellungsgebot ausgenommen ist nach § 2 Abs. 2 GSA Fleisch das Fleischerhandwerk. Das sind Unternehmen, die einerseits max. 49 Personen (unter Einschluss von Fremdpersonal, einschließlich Leiharbeiter/-innen, aber unter Ausschluss von Verkaufspersonal) tätig werden lassen und die Tätigkeit andererseits handwerksmäßig – und damit nicht industriell – betreiben und in die Handwerksrolle oder das Verzeichnis zulassungsfreien Handwerks oder handwerksähnlicher Gewerbe eingetragen sind.

Erhoben wurden die Verfassungsbeschwerden von fünf Verleihunternehmen und einem Unternehmen der Wurstherstellung. Verfassungsbeschwerden von (Leih)Arbeitnehmer/-innen gegen das Gesetz wurden – soweit ersichtlich –, anders als gegen das Mitte der 1980er Jahre verabschiedete gesetzliche Verbot der gewerbsmäßigen Arbeitnehmerüberlassung in Betrieben der Bauwirtschaft[9] – nicht erhoben.

Gestützt wurden die Verfassungsbeschwerden insbesondere auf eine vorgebliche Verletzung der Art. 12 Abs. 1 GG und Art. 3 Abs. 1 GG.[10] Die sektorale Begrenzung der Leiharbeit greife als gezielte und spezifische Beschränkung bestimmter Tätigkeiten im Bereich der Fleischwirtschaft unmittelbar in die Be-

---

6   *Zimmer*, NZA 2022, 4, 6 ff.; a.A. *Andorfer/Tsankova-Herrtwich*, NZA-RR 2022, 393, 395.
7   FG Baden-Württemberg 13.9.2022 – 11 V 1731/21, BeckRS 2022, 26068; FG Thüringen 2.11.2021 – 2 V 360/21, BeckRS 2021, 55061; FG Münster 19.1.2022 – 8 V 3108/21 F, BeckRS 2022, 1828; FG Hamburg 20.12.2021 – 4 V 77/21, BeckRS 2021, 41742.
8   BFH 10.2.2022 – VII B 85/21, BeckRS 2022, 3759; krit. dazu *Andorfer/Tsankova-Herrtwich*, NZA-RR 2022, 393, 396 f.
9   Zunächst war das Verbot in § 12a AFG a.F. loziert. Seit dem 1.1.1998 findet es sich in § 1 b AÜG, vgl. Art. 63 Nr. 5 Arbeitsförderungs-ReformG, BGBl. 1997 I, 594.
10   Daneben werden in den Verfassungsbeschwerden Art. 2 Abs. 1 sowie Art. 14 Abs. 1, 2 GG (i.V.m. den Art. 20 Abs. 3 und 103 Abs. 2 GG) angesprochen.

rufsfreiheit (Art. 12 Abs. 1 GG) der Leiharbeitsunternehmen ein. Dasselbe gelte für das Unternehmen der Wurstherstellung, das gezwungen werde, notwendiges Personal nun selbst vorzuhalten. Dies sei nicht gerechtfertigt. Das Fremdpersonalverbot verletze das Unternehmen der Wurstherstellung zudem in seinem Recht auf Gleichbehandlung aus Art. 3 Abs. 1 GG, denn im Hinblick auf die Baubranche, Logistikzentren und die Landwirtschaft sei die Ungleichbehandlung nicht zu rechtfertigen.[11]

II. Der Beschluss des Bundesverfassungsgerichts

1.   Nichtannahme zur Entscheidung

Das Bundesverfassungsgericht (BVerfG), 3. Kammer des Ersten Senats, hat die Verfassungsbeschwerden mit Beschluss vom 1. Juni 2022 nicht zur Entscheidung angenommen.[12] Insbesondere sei ihre Annahme nicht zur Durchsetzung der in § 90 Abs. 1 BVerfGG genannten Rechte angezeigt. Denn die Verfassungsbeschwerden hätten keine hinreichende Aussicht auf Erfolg. Sie werden von der 3. Kammer des Ersten Senats vielmehr als unzulässig qualifiziert. Insoweit wird nicht allein die Einhaltung des Subsidiaritätskriteriums nachdrücklich in Zweifel gezogen, aber letztendlich offengelassen,[13] sondern bereits eine den Anforderungen der §§ 23 Abs. 1 S. 2 Hs. 1, 92 BVerfGG genügende Substantiierung der Verletzung in eigenen Rechten verneint. Eine mögliche Verletzung in eigenen Rechten, namentlich in Art. 12 Abs. 1 GG, sei von den Beschwerdeführerinnen nicht hinreichend konkret dargelegt worden.[14]

---

11   Vgl. zu diesem Vorbringen den BVerfG-Beschl. v. 1.6.2022 – 1 BvR 2888/20 u.a., NZA 2022, 1045, Rn. 16.

12   BVerfG 1.6.2022 – 1 BvR 2888/20 u.a., NZA 2022, 1045.

13   BVerfG 1.6.2022 – 1 BvR 2888/20 u.a., NZA 2022, 1045, Rn. 18–23.

14   Vgl. dazu im Einzelnen BVerfG 1.6.2022 – 1 BvR 2888/20 u.a., NZA 2022, 1045, Rn. 24–28. Ob die Beschwerdeführer mit ihren Verfassungsbeschwerden zulässigerweise auch die Verletzung von Grundrechten Dritter hätten rügen können, also etwa Unternehmen der Verleihbranche die Grundrechte der Leiharbeiter/-innen, ist in dieser Ausrichtung der Frage eindeutig zu verneinen. *Insoweit* ist die Verfassungsbeschwerde jedenfalls mangels Beschwerdebefugnis unzulässig. Anders gelagert – und insbesondere kein Thema der Zulässigkeit – ist die Frage, ob die Verletzung von Grundrechten Dritter, sobald ein Eingriff in ein Grundrecht des/der Beschwerdeführer/-in diagnostiziert ist, im Rahmen der verfassungsrechtlichen Rechtfertigung durchzuprüfen ist. In der Literatur ist die Frage umstritten und die Rechtsprechung des Bundesverfassungsgerichts zeichnet insoweit kein konsistentes Bild, vgl. dazu nur *Kube*, DVBl 2005, 721, 722 ff. Der Frage soll und muss hier indessen nicht weiter nachgegangen werden, da die Vereinbarkeit der in Rede stehenden Normen mit dem Grundgesetz nachfolgend ohnehin umfassend geprüft wird.

Im Hinblick auf die von dem Unternehmen der Wurstherstellung gerügte Verletzung von Art. 3 Abs. 1 GG führt das Bundesverfassungsgericht weiter aus, dass es zur Begründung einer nicht zu rechtfertigenden Ungleichbehandlung nicht ausreiche, sich nur mit den maßgeblichen Vergleichssachverhalten auseinanderzusetzen; geboten sei auch eine Auseinandersetzung mit den naheliegenden Argumenten für die Ungleichbehandlung. Die Verfassungsbeschwerde habe sich in ihrem Vergleich mit der Baubranche, mit Logistikzentren und mit der Landwirtschaft aber nicht damit befasst, inwiefern die Arbeitsbedingungen sowie der Anteil und Einsatz von Fremdpersonal konkret mit dem Kerngeschäft der Fleischindustrie vergleichbar seien – worauf der Gesetzgeber aber abgestellt habe.[15]

2. Konsequenzen des Beschlusses

Obschon der geschilderte Umgang des Bundesverfassungsgerichts mit den Verfassungsbeschwerden resp. die Diktion des Beschlusses nahelegen mag, dass die angegriffenen Normen keinen Verstoß gegen das Grundgesetz begründen, schließt die Zurückweisung der Beschwerde als unzulässig eine zukünftige Überprüfung der Regeln am Maßstab des Grundgesetzes keineswegs aus. Soweit die Verwaltungsgerichtsbarkeit etwa im Wege der Feststellungsklage nach § 43 Abs. 1 VwGO oder die ordentliche Gerichtsbarkeit im Kontext eines Bußgeldverfahrens nach § 7 GSA Fleisch mit § 6a Abs. 2 oder/und 3 GSA Fleisch befasst werden, sind letztgenannte Normen, soweit entscheidungserheblich, im Wege der Inzidentkontrolle auf ihre Verfassungsmäßigkeit zu untersuchen. Und soweit daraufhin keine Vorlage nach Art. 100 Abs. 1 GG erfolgt, mögen die Kläger schlussendlich eine verfassungsrechtliche Überprüfung im Wege der Urteilsverfassungsbeschwerde gegen die letztinstanzliche fachgerichtliche Entscheidung erreichen. Die Verfassungsfragen blieben, soweit die Beschwerdeführer diese bereits vor der Fachgerichtsbarkeit (hinreichend substantiiert) rügen, also gestellt und wären letztendlich eben vom Bundesverfassungsgericht zu beantworten.

---

15   BVerfG 1.6.2022 – 1 BvR 2888/20 u.a., NZA 2022, 1045, Rn. 29, bzgl. Letzterem unter Verweis auf BT-Drs. 19/21978, 20 f.

B. Kontextualisierung II: Der Beschluss des Bundesverfassungsgerichts vom 6. Oktober 1987 zum Verbot der Leiharbeit im Baugewerbe

In der Literatur, welche sich mit der Verfassungsgemäßheit des Fremdpersonalverbots in der Fleischwirtschaft befasst, sowie (wohl) in den genannten Verfassungsbeschwerden gegen dieses Verbot wird argumentativ regelmäßig auf den Beschluss des Bundesverfassungsgerichts zum Verbot der Arbeitnehmerüberlassung im Baugewerbe vom 6. Oktober 1987[16] Bezug genommen.[17] Und in der Tat handelt es sich diesbezüglich (bei allen noch darzulegenden Unterschieden) um den sachnächsten Vergleichsgegenstand aus der bundesverfassungsgerichtlichen Judikatur.[18] Demgemäß werden wesentliche Aussagen dieses Beschlusses an dieser Stelle dargestellt und, soweit angezeigt, eingeordnet – unbeschadet einer nachfolgenden (und vorangehenden) Rechtsprechungspraxis des Bundesverfassungsgerichts, welche die grundrechtlichen Spielräume des Gesetzgebers im Kontext wirtschaftspolitischer Entscheidungen resp. von Eingriffen in die Wirtschaftsgrundrechte, zuvörderst Art. 12 Abs. 1 GG, nochmals durchaus substanziell geweitet hat.[19]

I. Intensität des Grundrechtseingriffs und Maßstab der Rechtfertigungslast

Das Bundesverfassungsgericht hat (angesichts der stärksten Betroffenheit unter den Beschwerdeführern) die Verleihunternehmen in den Mittelpunkt des 1987er-Beschlusses gestellt. Vor der Folie der Dreistufentheorie hat es ausgeführt, dass mit dem Verbot der Überlassung von Arbeitnehmer/-innen an ei-

---

16 BVerfGE 77, 84–120.

17 *Boemke u.a.*, NZA 2020, 1160, 1161 f.

18 Vgl. zudem BVerfGE 21, 261, wo ein generelles Verbot der gewerblichen Arbeitnehmerüberlassung zum Zwecke der Absicherung des staatlichen Arbeitsvermittlungsmonopols als unvereinbar mit Art. 12 Abs. 1 GG qualifiziert wurde.

19 Paradigmatisch BVerfGE 30, 250, 263; 50, 290, 331 ff.; 77, 84, 106; 102, 197, 218; 110, 141, 157 f.; 116, 202, 225; 117, 163, 182 f.; 121, 317, 349 f.; s. zur Darstellung der Entwicklung auch exemplarisch *Kämmerer*, in: v. Münch/Kunig, Art. 12 Bd.1, Rn. 113 sowie *Breuer*, in: HbdStR Bd. 8, § 171 Rn. 26 ff.

nen bestimmten Personenkreis und zu einem bestimmten Zweck weder objektive noch subjektive Zulassungsvoraussetzungen für den Beruf eines Verleihers aufgestellt worden seien. Der Beruf eines Verleihers/einer Verleiherin könne auch nach Verschließung eines Teilmarktes, der etwa 20 % des statistisch erfassten Verleihs konzessionierter Verleiher/-innen ausgemacht habe, weiterhin sinnvoll ausgeübt werden. Der Verleih in Betriebe des Baugewerbes stelle keinen eigenständigen Beruf im Sinne von Art. 12 Abs. 1 GG mit einem traditionell und auch gesetzlich ausgeprägten Berufsbild dar und erfordere von Gesetzes wegen keine hierauf bezogene Ausbildung und könne auf der Grundlage einer branchenunabhängigen Verleiherlaubnis betrieben werden.[20] Daran anschließend wird freilich konstatiert, dass die Berufstätigkeit derjenigen, die vorrangig in das Baugewerbe verleihen, spürbar eingeschränkt werde. Das Verbot sei zwar auch für diese Gruppe als bloße Berufsausübungsregelung zu qualifizieren; es komme aber wegen seiner Auswirkungen einem Eingriff in die Freiheit der Berufswahl nahe. Es könne folglich „nicht mit jeder vernünftigen Erwägung des Gemeinwohls, sondern nur mit solchen Allgemeininteressen gerechtfertigt werden, die so schwer wiegen, dass sie den Vorrang vor der Berufsbehinderung der Verleiher verdienen".[21]

Wenn aus dieser Passage in der Literatur[22] nun geschlussfolgert wird, dass eine Rechtfertigung des sektoriellen Fremdpersonalverbots in der Fleischwirtschaft nur zum Schutz „besonders schwerwiegender Allgemeininteressen" in Betracht komme, wird dies der skizzierten Passage aus dem 1987er Beschluss nicht gerecht. Ungeachtet der dortigen (sprachlichen/impliziten) Referenzen an die Dreistufentheorie kommt in der Wendung „Allgemeinwohlinteressen, die so schwer wiegen, dass sie Vorrang vor der Berufsbehinderung der Verleiher verdienen" keine spezifische Anforderung an das notwendige Gewicht bzw. die Qualität der Rechtfertigungsgründe zum Ausdruck; hervorgehoben wird vielmehr die Notwendigkeit einer (zu dieser Zeit noch nicht gleichermaßen wie heute etablierten) Verhältnismäßigkeitsprüfung. Dies entspricht nicht nur einer „Wortlautinterpretation" der in Rede stehenden Passage, sondern folgt zudem aus dem Kontext, wenn der notwendigen Abwägung der nicht ausreichende Rekurs auf „jede vernünftige Erwägung des Gemeinwohls" als Rechtfertigungsprozedere gegenübergestellt wird. Damit wird vergleichbar der in den 1980er Jahren für den Allgemeinen Gleichheitssatz „erfundenen" sog. „Neuen Formel"[23] verdeutlicht, dass nicht bereits die Existenz eines vernünftigen, also verfassungsrechtlich akzeptablen Rechtfertigungsgrundes zur

---

20 BVerfGE 77, 84, 105.
21 BVerfGE 77, 84, 106.
22 *Boemke u.a.*, NZA 2020, 1160, 1163.
23 BVerfGE 55, 72, 88.

Rechtfertigung einer Grundrechtsbeeinträchtigung ausreicht, sondern eben eine *abwägende* Rechtfertigungsprüfung geboten ist.

Wendet man sich nun dem inhaltlichen Maßstab der Verhältnismäßigkeitsprüfung resp. Abwägung zu, ist der 1987er-Beschluss (ebenfalls) höchst aufschlussreich. Das Bundesverfassungsgericht betont, dass es bei der verfassungsrechtlichen Beurteilung der angegriffenen Norm „die weite Gestaltungsfreiheit des Gesetzgebers auf dem Gebiet der Arbeitsmarkt-, Sozial- und Wirtschaftsordnung und dessen Einschätzungs- und Prognosevorrang zu beachten habe."[24] Und weiter: „Es ist vornehmlich Sache des Gesetzgebers, auf der Grundlage seiner wirtschafts-, arbeitsmarkt- und sozialpolitischen Vorstellungen und Ziele und unter Beachtung der Sachgesetzlichkeiten des betreffenden Gebiets zu entscheiden, welche Maßnahmen er im Interesse des Gemeinwohls ergreifen will. Auch bei der Prognose und Einschätzung gewisser der Allgemeinheit drohender Gefahren, zu deren Verhütung der Gesetzgeber glaubt tätig werden zu müssen, billigt ihm die Verfassung einen Beurteilungsspielraum zu, den er nur dann überschreitet, wenn seine Erwägungen so offensichtlich fehlsam sind, dass sie vernünftigerweise keine Grundlage für gesetzgeberische Maßnahmen abgeben können. (...) Dies gilt entsprechend für die Beurteilung der Eignung und Erforderlichkeit des gewählten Mittels zur Erreichung der gesetzgeberischen Ziele."[25] Für die Erforderlichkeit wird dies nachfolgend für die einzelnen von den Beschwerdeführern vorgeschlagenen Alternativmaßnahmen durchdekliniert. Dabei betont das Gericht, dass Erforderlichkeit nur dann zu verneinen sei, wenn eine andere Maßnahme den erstrebten Zweck „eindeutig" gleich wirksam, aber die Grundrechte weniger fühlbar einschränkend erreichen könne.[26]

Schließlich wird besondere verfassungsgerichtliche Zurückhaltung angemahnt, wenn der Gesetzgeber – wie bei der Wiederherstellung der durch illegale Leiharbeit gestörten Ordnung auf dem Teilarbeitsmarkt des Baugewerbes – auf besonders komplexe, schwer überschaubare und im Einzelnen unklare Verhältnisse einwirke.[27]

---

24 Vgl. BVerfGE 77, 84, 106 unter Rekurs auf BVerfGE 25, 1, 17, 19 f.; 37, 1, 20; 50, 290, 332 ff.; 51, 193, 208.
25 Vgl. nochmals BVerfGE 77, 84, 106 sowie BVerfGE 25, 1, 18 ff.; 30, 250, 262 f.; 61, 291, 313 f., m.w.N.
26 BVerfGE 77, 84, 109–111.
27 BVerfGE 77, 84, 106 f.

II. Zur (konkreten) Qualifizierung der Rechtfertigungsgründe

Die Wiederherstellung der gestörten Ordnung auf dem Teilarbeitsmarkt des Baugewerbes mit dem Ziel der Sicherung eines geordneten Arbeitsmarktes und einer stabilen arbeits- und sozialversicherungsrechtlichen Situation abhängig Beschäftigter wird sodann nicht nur als legitimer Rechtfertigungsgrund, sondern gar als ein „hervorragend wichtiges Gemeinschaftsgut" qualifiziert. Ein Gemeinwohlbelang von ebenfalls hoher Bedeutung sei zudem die „Sicherung der finanziellen Stabilität der Träger der Sozialversicherung"[28]. Darüber hinaus dürfe der Gesetzgeber das Interesse an der „Stärkung der Effektivität tarifvertraglicher Normsetzung" berücksichtigen.[29] Daran anschließend unterstreicht das Bundesverfassungsgericht – entsprechend der oben entfalteten Interpretation seiner vorstehenden Ausführungen – die These, wonach Verhältnismäßigkeit i.e.S. danach fragt, ob bei einer Gesamtabwägung zwischen der Schwere des Eingriffs und dem Gewicht sowie der Dringlichkeit der ihn rechtfertigenden Gründe die Grenze der Zumutbarkeit gewahrt sei, und betont in diesem Zusammenhang (nochmals), dass der Gesetzgeber bei der Gewichtung der arbeitsmarktpolitischen, volks- und betriebswirtschaftlichen Vor- und Nachteile von (legaler) Leiharbeit über eine substanzielle arbeitsmarkt- und sozialpolitische Beurteilungs- und Gestaltungsfreiheit verfüge. Weiter heißt es, dass die Wiederherstellung der gestörten Ordnung auf dem Teilarbeitsmarkt Baugewerbe Maßnahmen auch dann rechtfertige, wenn sie für die Betroffenen zu fühlbaren Einschränkungen oder im Einzelfall zur Existenzgefährdung oder gar -vernichtung von Betrieben führen könne.[30] Schließlich habe der Gesetzgeber auch für die wirtschaftlich besonders empfindlich durch das Verbot betroffenen Verleiher/-innen, nämlich solche die ausschließlich oder vorrangig in das Baugewerbe verliehen hatten, keine Härteregelungen oder weitere Differenzierungen vorsehen müssen, wenn und weil die Wirksamkeit der Maßnahme (Leiharbeitsverbot) nach vertretbarer Einschätzung dadurch empfindlich beeinträchtigt worden wäre.[31]

---

28 Vgl. hierzu auch BVerfGE 70, 1, 26–30.
29 Siehe BVerfGE 77, 84, 107.
30 Vgl. zum Ganzen BVerfGE 77, 84, 112.
31 Vgl. BVerfGE 77, 84, 113. Anschließend wird (substanziell knapper) eine Grundrechtsverletzung der Entleiher/-innen (114–116) und der Leiharbeitnehmer/-innen (116 f.) geprüft und abgelehnt. Insoweit ist bzgl. der entleihenden Baubranche hervorzuheben, dass das Gericht eine situationsbedingte und prinzipiell variable Marktlage als kein geeignetes Kriterium zur Beurteilung der Verfassungsmäßigkeit eines Gesetzes ansieht, ebenda, 115 f. Bzgl. der Leiharbeitnehmer/-innen sei die Schwere des Eingriffs begrenzt. Denn auch wenn der gewählte Bauberuf nicht mehr im Rahmen eines Leiharbeitsverhältnisses ausgeübt werden könne, sei die Möglichkeit, ihn ansonsten zur Grundlage der Lebensführung zu machen, rechtlich wie tatsächlich nur unwesentlich beschränkt, ebenda, 117.

C. In medias res: Grundgesetzkonformität des Fremdpersonalverbots gem. § 6a Abs. 2 und 3 GSA Fleisch in der seit dem 1. April 2021 geltenden Fassung

I. Vorüberlegung: Einschlägige Grundrechte – Grundgesetz oder/und EU-Grundrechtecharta?

Für eine Verletzung der Grundrechte des Grundgesetzes resp. den Erfolg einer auf die Verletzung von Grundrechten (oder grundrechtsgleichen Rechten) des Grundgesetzes gestützten Verfassungsbeschwerde ist zunächst conditio sine qua non,[32] dass diese im Hinblick auf den Beschwerdegegenstand überhaupt anwendbar sind. An einer solchen Anwendbarkeit kann es im Hinblick auf deutsche Hoheitsakte, wie sie vorliegend Gegenstand der Untersuchung sind, namentlich fehlen, wenn die Grundrechte des Grundgesetzes ob der Anwendbarkeit von Unionsgrundrechten, insbesondere der EU-Grundrechtecharta (EU-GRCh),[33] verdrängt sind. Eine solche Verdrängung setzt voraus, dass der mitgliedstaatliche, hier deutsche Hoheitsakt durch Unionsrecht vollständig determiniert ist.[34] Nach der Rechtsprechung des Bundesverfassungsgerichts[35] reicht für eine Verdrängung der Grundrechte des Grundgesetzes nicht aus, dass die Unionsgrundrechte der Charta gem. Art. 51 Abs. 1 S. 1 EU-GRCh auf einen deutschen Hoheitsakt anwendbar sind. Vielmehr sind die Grundrechte des Grundgesetzes (GG) im Anwendungsbereich von Art. 51 Abs. 1 S. 1 EU-GRCh nach der Rechtsprechung des Bundesverfassungsgerichts, welcher der

---

32 Bei vollständig durch Unionsrecht determinierten deutschen Hoheitsakten prüft das Bundesverfassungsgericht diese nunmehr am Maßstab der EU-Grundrechtecharta, vgl. BVerfG, Beschluss vom 6.11.2019 – 1 BvR 276/17, NJW 2020, 314.

33 Der Grundrechtsschutz aus Art. 6 Abs. 3 AEUV tritt in der Rechtsprechungspraxis der Unionsgerichtsbarkeit (nahezu) gänzlich hinter den Schutz aus der EU-Grundrechtecharta zurück. Art. 6 Abs. 2 EUV entfaltet mangels Beitritts der EU zur EMRK keine Wirkung.

34 Vgl. zur Rechtsfolge bzgl. der Prüfung des deutschen Hoheitsakts soeben Fn. 32.

35 Vgl. BVerfGE 121, 1, 15; 125, 260, 306 f.; 152, 152, 168 f.

Europäische Gerichtshof (EuGH) nicht widersprochen hat, neben den Grundrechten der Charta anwendbar, wenn und soweit der mitgliedstaatliche Hoheitsakt nicht in Umsetzung eines durch unionsrechtliche Regelung vollständig determinierten Bereichs erfolgt. Die vorliegend in Rede stehenden (und mit den Verfassungsbeschwerden angegriffenen) Normen des Arbeitsschutzkontrollgesetzes mögen angesichts der sog. EG-Leiharbeits-Richtlinie 2008/104/EG des Europäischen Parlaments und des Rates vom 19. November 2008 in den Anwendungsbereich der EU-GRCh i.S.v. Art. 51 Abs. 1 S. 1 EU-GRCh fallen,[36] jedenfalls sind sie nicht durch (sekundäres) Unionsrecht vollständig determiniert. Das gilt auch für die Liberalisierung der Leiharbeit im Hinblick auf Einschränkungen und Verbote nach Art. 4 der Leiharbeitsrichtlinie. Denn zu dieser Bestimmung hat der EuGH klargestellt, dass sie die Mitgliedstaaten zur Überprüfung der Verbote auffordert, den Mitgliedstaaten aber nicht die Regelung von Verboten und Einschränkungen verbietet.[37] Die angegriffenen Normen sind nach allem an den Grundrechten des Grundgesetzes zu messen.[38]

II. Verletzung der Grundrechte der Werkvertragsunternehmer/-innen (Auftragnehmer/-innen)/der Unternehmen der Verleihbranche

Untersucht wird zunächst eine Grundrechtsverletzung der durch § 6a Abs. 2 und 3 GSA Fleisch nachteilig betroffenen Werkvertragsunternehmer/-innen (Auftragnehmer/-innen) und Unternehmen der Verleihbranche. Dabei erfolgt hier entsprechend des Beschlusses des Bundesverfassungsgerichts vom 1. Juni 2022 eine Konzentration auf Art. 12 Abs. 1 GG und Art. 3 Abs. 1 GG.[39]

---

36 Vgl. zur weiten Auslegung des Durchführungsbegriffs in Art. 51 Abs. 1 S. 1 EU-GRCh seitens des EuGH nur Entscheidung vom 26.2.2013 – C-617/10 (*Åkerberg Fransson*), NJW 2013, 1415.

37 EuGH 17.3.2015 – C-533/13 (*AKT*), NZA 2015, 43. Das ist zwar nicht ausdrücklich für künftige Verbote ausgeführt worden, dazu bestand aber angesichts des Ausgangsrechtsstreits, in dem es um die Frage ging, ob ein nationales Gericht anstelle des Gesetzgebers ungerechtfertigte Verbote und Einschränkungen unangewendet lassen darf bzw. muss, auch kein Anlass.

38 Ob daneben die Grundrechte der EU-Grundrechtecharta anwendbar sind, soll hier ebenso dahinstehen wie die Vereinbarkeit mit sonstigem EU-Primärrecht sowie abgeleitetem Unionsrecht.

39 Insbesondere für die Prüfung einer Verletzung von Art. 14 Abs. 1 GG besteht unter Zugrundelegung der Rechtsprechung des BVerfG kein Anlass.

1.   Art. 12 Abs. 1 GG

Eine Verletzung von Art. 12 Abs. 1 GG setzt einen nicht rechtfertigungsfähigen Eingriff in den Schutzbereich der Berufsfreiheit durch § 6a Abs. 2 und 3 GSA Fleisch voraus.

a)   Eingriff in den Schutzbereich – zugleich zur Intensität des Grundrechtseingriffs und zum Abwägungsmaßstab

aa)   Eingriff

Analog zur Entscheidung des Bundesverfassungsgerichts zum Leiharbeitsverbot im Baugewerbe[40] ist das bereichsspezifische Fremdpersonalverbot in der Fleischwirtschaft bei der Schlachtung, Zerlegung und Verarbeitung (mit der geschilderten Einschränkung bis zum 31. März 2024) zweifelsfrei als Grundrechtseingriff in Art. 12 Abs. 1 GG der betroffenen Werkvertragsunternehmer/-innen (Auftragnehmer/-innen) und Unternehmen der Verleihbranche zu qualifizieren. Hinsichtlich des Eingriffs in die Berufsfreiheit der bisherigen Auftragnehmer/-innen gilt, dass sie ihr bisheriges Geschäftsfeld nicht fortführen dürfen. Soweit sie weiterhin in der Schlacht- bzw. Fleischverarbeitungsbranche tätig sein wollen, müssen sie einen Betrieb der Fleischwirtschaft als Inhaber/-in führen. Die bisherige Tätigkeit ist nur noch außerhalb der genannten Bereiche im beschriebenen Sinne, ansonsten nur in einer Kooperation außerhalb einer übergreifenden Organisation oder im Handwerk möglich.[41]

Die sachlich gleiche Wirkung entfaltet das Gesetz gegenüber den (potenziell) betroffenen Verleihunternehmen. Dabei sei bereits an dieser Stelle angemerkt, dass der Eingriff jedenfalls bezogen auf die Gesamtbranche als weniger intensiv zu qualifizieren ist als gegenüber den betroffenen Werkvertragsunternehmer/-innen (Auftragnehmer/-innen), denn im Bereich der Fleischindustrie ist die Arbeitnehmerüberlassung quantitativ signifikant weniger relevant als die Auftragsvergabe in Gestalt von Werkverträgen.[42]

bb)   Abwägungsmaßstab und Eingriffsintensität

Der Eingriff ist entsprechend obigen Ausführungen[43] zweifelsfrei als sog. Berufsausübungsregel zu qualifizieren. Nach der sog. Dreistufentheorie unterliegt die Rechtfertigung von Berufsausübungsregeln grundsätzlich geringeren Anforderungen als bei Eingriffen in Gestalt von (subjektiven oder gar objektiven) Berufswahlregelungen. Als taugliche Rechtfertigungsgründe sind nach

---

40   Siehe nochmals BVerfGE 77, 84, 105f. sowie unter B.
41   Vgl. auch BVerfG 29.12.2020 – 1 BvQ 152/20 u.a., NZA 2021, 120, Rn. 34.
42   BT-Drs. 19/21978, 3.
43   Siehe B. I.

der Dreistufentheorie bereits vernünftige Erwägungen des Gemeinwohls anzuerkennen;[44] ohne dass damit das Erfordernis einer am konkreten Fall ausgerichteten Verhältnismäßigkeitsprüfung entfiele. In der Literatur[45] (und wohl in den genannten Verfassungsbeschwerden) wird – wie bereits skizziert –[46] indessen reklamiert, dass es sich zwar um eine Berufsausübungsregel handele, diese aber den Kern der beruflichen Tätigkeit von vielen – eben vor allem in der Schlachtwirtschaft – tätigen Verleiher/-innen und Werkvertragsunternehmer/-innen treffe, mithin eine besondere Eingriffsintensität aufweise und demgemäß im Anschluss an den Beschluss des Bundesverfassungsgerichts vom 6. Oktober 1987 zum Verbot der Leiharbeit im Baugewerbe[47] eine Rechtfertigung nur zum „Schutz besonders wichtiger Interessen der Allgemeinheit" in Frage komme.[48]

(1) Legislative Einschätzungsprärogative und Übermaßverbot: Eine Abstraktion

Indessen wurde bei der Re- und Dekonstruktion des Bundesverfassungsgerichtsbeschlusses vom 6. Oktober 1987 zum Verbot der Leiharbeit im Baugewerbe[49] gezeigt, dass mit der dortigen Wendung, wonach Allgemeinwohlinteressen, „so schwer wiegen müssen, dass sie Vorrang vor der Berufsbehinderung der Verleiher verdienen", keine spezifische Anforderung an die (abstrakte) Gewichtigkeit des Allgemeinwohlinteresses bzw. Rechtsguts i.S.e. Ausschlusses bestimmter legitimer Allgemeinwohlinteressen gestellt, sondern ein einzelfallbezogener Abwägungsvorrang *irgendeines* legitimen Allgemeinwohlinteresses vor der konkreten Grundrechtsbeeinträchtigung verlangt wird.[50] Und dieser „Abwägungsvorrang" wäre gründlich missverstanden – was nicht zuletzt wiederum die obige Re- und Dekonstruktion des Beschlusses des Bundesverfassungsrichts zum Verbot der Leiharbeit im Baugewerbe zeigt –,[51] folgerte man daraus die Notwendigkeit eines Überwiegens der Rechtfertigungsgründe resp. des Rechtfertigungsgrundes gegenüber der Grundrechtsbeeinträchtigung durch den Eingriff. Vielmehr ist mit dem Bundesverfassungsgericht eine Maßnahme nur dann unverhältnismäßig i.e.S., wenn bei einer Gesamtabwägung zwischen der Schwere des Eingriffs und dem Gewicht sowie der Dringlichkeit der ihn

---

44 BVerfGE 7, 377, 405; 30, 336 (351).
45 *Boemke u.a.*, NZA 2020, 1160, 1163.
46 Siehe B. I.
47 BVerfGE 77, 84.
48 Mit dem geforderten „Schutz besonders wichtiger Interessen der Allgemeinheit" wird wohl eine Einordnung der Eingriffsintensität der Berufsausübungsregel zwischen subjektiver und objektiver Berufswahlregelung impliziert, denn das Bundesverfassungsgericht fordert regelmäßig für subjektive Berufswahlregelungen den „Schutz wichtiger Allgemeinwohlinteressen" und für objektive Berufswahlregelungen die konkrete Gefährdung „überragend wichtiger Gemeinschaftsgüter".
49 BVerfGE 77, 84.
50 Siehe B. I.
51 Vgl. nochmals B. I.

rechtfertigenden Gründe die Grenze der Zumutbarkeit nicht gewahrt ist, und zwar unter Berücksichtigung einer im Demokratieprinzip wurzelnden legislativen Einschätzungsprärogative, welche vom Bundesverfassungsgericht im Kontext arbeitsmarktpolitischer, volks- und betriebswirtschaftlicher Bewertungen und Gewichtungen zudem als besonders substanziell qualifiziert wird.[52]

Weil diese demokratieprinzipinfluenzierte Abwägungskonzeption bei der praktischen Fallanwendung in der Sache oder gar explizit unter Berufung auf den vorgeblich bei der Grundrechtsinterpretation (allumfassend) geltenden Grundsatz „in dubio pro libertate" immer wieder und nicht zuletzt in der jüngeren verwaltungsgerichtlichen Judikatur (im Kontext der Beurteilung der sog. „Corona-Maßnahmen") in Frage gestellt oder zumindest implizit verschleift wird[53] – was der verschiedentlich geäußerten Befürchtung bzw. Diagnose eines Jurisdiktionsstaates tatsächlich Vorschub leistet[54] – sei sie an dieser Stelle nochmals validiert und akzentuiert. Die Anerkennung substanzieller legislativer Einschätzungsspielräume bei der Prüfung legislativer Grundrechtsverletzungen[55] wird zu Recht ganz überwiegend auf das Demokratieprinzip[56] gestützt.[57] Denn nach dem Grundgesetz obliegt es dem unmittelbar demokratisch legitimierten Parlament (im Bund zusammen mit dem Bundesrat), die einfache Rechtsordnung und damit auch die Gesellschaftsordnung durch den Erlass von Gesetzen[58] zu gestalten.[59] Zu diesem Zwecke verfügt es über grund-

---

52 Vgl. oben Fn. 24.

53 Gegenüber dem Gesetzgeber besonders übergriffig etwa VG Gera 5.5.2020 – 3 E 617/20, npoR 2020, 257.

54 Diskussionsprägend etwa *Böckenförde*, Der Staat 29 (1990), 1 ff. Siehe auch *Shu-Perng Hwang*, Verfassungsgerichtlicher Jurisdiktionsstaat?

55 Vgl. nur BVerfGE 50, 290, 331 ff.; *Schneider*, NJW 1980, 2103, 2108 ff.; *Bernd*, Legislative Prognosen und Nachbesserungspflichten; *Simons*, Grundrechte und Gestaltungsspielraum; *Raabe*, in: Allgemeinheit der Grundrechte und Vielfalt der Gesellschaft, 83 ff. Ein zumindest weitgehender Konsens besteht zudem darüber, dass der Gesetzgeber hinsichtlich sämtlicher Teilelemente des Verhältnismäßigkeitsgrundsatzes über einen Einschätzungsspielraum verfügt, vgl. nur *Hain*, DVBl. 1993, 982, 984 mit weiteren Nachweisen.

56 *Schuppert*, Die verfassungsgerichtliche Kontrolle der auswärtigen Gewalt, 219; *ders.*, Funktionell-rechtliche Grenzen der Verfassungsinterpretation, 28, 43; *Dirnberger*, DVBl. 1992, 879, 881; *Schenke*, NJW 1979, 1321, 1323; *Bryde*, Verfassungsentwicklung, 341 ff.; *Alexy*, Theorie der Grundrechte, 120; *Hesse*, in: Festschrift für Mahrenholz, 541, 558; *Simon*, in: Handbuch des Verfassungsrechts, § 34 Rn. 54 f.; *Raabe*, Grundrechte und Erkenntnis, 208 ff.; *Grimm*, JZ 1976, 697, 699 f.; *Zuck*, JZ 1974, 361, 368; vgl. auch BVerfGE 56, 54, 81.

57 Vgl. zur (zusätzlichen) Stützung auf das Gewaltenteilungsprinzip *Bryde*, Verfassungsentwicklung, 333 ff.; *Zuck*, JZ 1974, 361, 367 f.; BVerfGE 56, 54, 81 bzw. auf die jeweils betroffenen Grundrechte und den Kontext, in dem sie betroffen sind; *Raabe*, Grundrechte und Erkenntnis, 231 ff.; *Heun*, Funktionell-rechtliche Schranken der Verfassungsgerichtsbarkeit, 38; *Borowski*, Grundrechte als Prinzipien, 159 f.; *Seetzen*, NJW 1975, 429, 430.

58 Auch durch die Übertragung von Rechtssetzungsmacht auf die Exekutive oder Selbstverwaltungskörperschaften übt die Legislative diese Gestaltungsaufgabe im Wege gestufter Aufgabenteilung aus.

59 Vgl. zum Zusammenhang von demokratischer Legitimation des Gesetzgebers und seiner Gestaltungsaufgabe und -befugnis auch BVerfGE 50, 290, 337.

sätzlich umfassende,[60] nach der Kompetenzordnung des Grundgesetzes Bund und Ländern zugewiesene Kompetenzen. Käme dem Parlament gegenüber der Judikative und insbesondere dem Bundesverfassungsgericht kein Primat bei der Bewertung des Gewichts kollidierender (Grund)rechtsgüter zu, wäre die Befugnis des unmittelbar demokratisch legitimierten Parlaments und letztlich die Ausübung des Wahlrechts durch das Volk ohne substanzielle Bedeutung. Um es für die Abwägung zwischen Grundrechtseingriff und kollidierenden Rechtsgütern, also die Verhältnismäßigkeitsprüfung im engeren Sinne zu exemplifizieren: Ohne einen *Wertungsspielraum* des Gesetzgebers müsste das Bundesverfassungsgericht die Gewichtung zwischen Grundrechtseingriff und ihn legitimierenden Zwecken nach einem idealen „objektiven Maßstab" selbst vornehmen. Wenn die legitimierenden Zwecke überwiegen, wäre das Gesetz grundrechtsgemäß, andernfalls grundrechtsverletzend. Auf diese Weise wäre die Kompetenz des Gesetzgebers zur Gestaltung der einfachen Rechtsordnung in allen Fällen mit Grundrechtsberührung eine bloße Wahrnehmungskompetenz, denn die Entscheidung wäre vollständig durch die Verfassung vorgezeichnet, was jeweils festzustellen, Aufgabe der Judikative und insbesondere des Bundesverfassungsgerichts wäre. Die *Existenz* von legislativen Bewertungs- und Prognosespielräumen liegt mithin im grundgesetzlichen Demokratieprinzip begründet und begrenzt in jedem Einzelfall gemeinsam mit den den Eingriff legitimierenden materiellen Rechten und Gütern die definitive Reichweite des grundrechtlichen Schutzes. Vor dem Hintergrund des so beschaffenen Maßstabs erscheint die Umschreibung der dritten Stufe der Verhältnismäßigkeitsprüfung als „Übermaßverbot" als besonders sachangemessen.

(2) Kontrolltiefe: Abstraktion und Konkretisierung

Jenseits der im Demokratieprinzip wurzelnden generellen resp. einzelfallunabhängigen legislativen Prognose- und Bewertungsspielräume hat sich das Bundesverfassungsgericht nicht zuletzt im Mitbestimmungs-Urteil[61] für einzel- bzw. konstellationsspezifisch variierende Kontrolltiefen ausgesprochen. Diese sollen von einer „Evidenzkontrolle" über eine „Vertretbarkeitskontrolle" bis zu einer „intensivierten inhaltlichen Kontrolle" reichen.[62] Dabei soll der Kontrollmaßstab von verschiedenen Faktoren, „im besonderen von der Eigenart des in Rede stehenden Sachbereichs, den Möglichkeiten, sich ein hinreichend

---

60 Vorbehaltlich der vom Parlament selbst auf internationale, insbesondere supranationale Organisationen übertragenen Befugnisse.

61 BVerfGE 50, 290.

62 Das BVerfG hat dort – hinsichtlich des Prognosespielraums des Gesetzgebers bei unsicherer tatsächlicher Grundlage – unter Rekurs auf seine eigene vorangegangene Rechtsprechung Kontrollmaßstäbe formuliert, die von einer „Evidenzkontrolle" über eine „Vertretbarkeitskontrolle" bis zu einer „intensivierten inhaltlichen Kontrolle" reichen, BVerfGE 50, 290, 333; wiederholt durch beide Senate: BVerfGE (1. Senat) 57, 139, 159; BVerfGE (2. Senat) 76, 1, 52; s. zu einer ausführlichen Darstellung der Entwicklung *Breuer*, in: HbdStR, Bd. 8, § 171 Rn. 26 ff.

sicheres Urteil zu bilden, und der Bedeutung der auf dem Spiele stehenden Rechtsgüter" abhängen.[63] Unter Anlegung dieser bundesverfassungsgerichtlich vorgegebenen Gesichtspunkte ist vorliegend eine eher zurückgenommene Kontrolltiefe angezeigt. Denn der Bereich der Arbeitsmarkt-, Sozial- und Wirtschaftsordnung ist seiner Eigenart nach, vor allem angesichts seiner Komplexität, ein Sachbereich, in welchem sich das Bundesverfassungsgericht bei der Kontrolle von Grundrechtsverletzungen besondere Zurückhaltung auferlegt.[64]

Des Weiteren sind Prognosen über die Auswirkungen eines Eingriffs auf die Wirtschaftsentwicklung bzw. die Berufsfreiheit, ebenso wie Prognosen über die wirtschaftliche Entwicklung bei Unterlassen des Eingriffs, regelmäßig wie auch vorliegend, mit erheblicher Unsicherheit behaftet. Die Möglichkeiten, sich ein hinreichend sicheres Urteil zu bilden, sind mithin begrenzt.[65]

Eine vorliegend zurückgenommene Kontrolltiefe folgt schließlich auch unter Anlegung des Kriteriums der „Bedeutung der auf dem Spiel stehenden Rechtsgüter" – ein Kriterium, welches auch in der Literatur als Kriterium für den Kontrollmaßstab Unterstützung findet.[66] Bei sinnhafter Deutung dieses Kriteriums folgt daraus, dass je gewichtiger die durch den Eingriff betroffenen grundrechtlichen Schutzgüter/Interessen sind, desto engere Spielräume dem Gesetzgeber einzuräumen sind – und umgekehrt.[67] Dem entspricht es und dies mag prima facie überraschen, dass die Entscheidungsspielräume umso größer sind, je gewichtiger die mit dem Eingriff verfolgten Schutzgüter/Interessen sind – und umgekehrt: Dem Gesetzgeber muss – der inneren Logik des Kriteriums „Bedeutung der auf dem Spiel stehenden Rechtsgüter" folgend – im Falle der Verfolgung besonders gewichtiger Zwecke ein entsprechend größerer Spielraum eingeräumt werden. Denn wenn die Gewichtigkeit des Eingriffs die legislativen Spielräume verkleinert resp. die judikative Kontrollintensität erhöht, muss die besondere Gewichtigkeit der verfolgten Zwecke den legislativen Spielraum vergrößern resp. die judikative Kontrollintensität minimieren.[68]

---

[63] BVerfGE 50, 290, 332 f.

[64] Siehe die Nachweise in Fn. 24.

[65] Vgl. auch dazu BVerfGE 77, 84.

[66] *Raabe*, Grundrechte und Erkenntnis, 231 ff.; *ders.*, in: Allgemeinheit der Grundrechte und Vielfalt der Gesellschaft, 83 (99); *Heun*, Funktionell-rechtliche Schranken der Verfassungsgerichtsbarkeit, 38; *Borowski*, Grundrechte als Prinzipien, 1998, 159 f.; *Seetzen*, NJW 1975, 429, 430.

[67] Vgl. dazu auch *Heun*, Funktionell-rechtliche Schranken der Verfassungsgerichtsbarkeit, 38; *Borowski*, Grundrechte als Prinzipien, 159 f.

[68] Anders noch *Cremer*, Freiheitsgrundrechte, 301 ff., wo allein die „Eingriffsseite" für kontrollmaßstabsrelevant (bzw. spielraumrelevant) angesehen wird. Diese Position würde den Maßstab vorliegend indessen nicht verändern.

So verstanden spricht auch die Bedeutung der vorliegend auf dem Spiel stehenden Rechtsgüter eher für eine zurückgenommene Kontrolltiefe. Denn in der Eingriffsperspektive steht in Gestalt der Berufsfreiheit der betroffenen Unternehmen als juristische Personen des Privatrechts jedenfalls keine Beschränkung besonders sensibler höchstpersönlicher Rechtsgüter in Rede, wie dies etwa für Leben und Gesundheit anzunehmen wäre. Umgekehrt steht nicht zuletzt der Gesundheits- und ggfs. gar Lebensschutz auf der Zielagenda des Eingriffs in Art. 12 Abs. 1 GG.[69]

Jenseits des skizzierten Abwägungsmaßstabs ist hervorzuheben, dass die Intensität des Eingriffs vorliegend dadurch gemildert wird, dass Fremdpersonalverbote in der Fleischindustrie bereits seit vielen Jahren eine Regulierungsoption waren. Nicht von ungefähr hatte die Fleischindustrie in einer Selbstverpflichtung die Überführung der dort Beschäftigten in eine im Inland sozialversicherungspflichtige Beschäftigung sowie die Einflussnahme auf die Einhaltung des Arbeitsrechts bei Fremdpersonal in Aussicht gestellt[70] und damit zunächst ein Eingreifen des Gesetzgebers abwenden können. Auch in der Folge wurde durch die Gewerkschaft NGG etwa ein Übergehen auf Stammpersonal gefordert.[71] Von daher wurde es für die betroffenen Unternehmen keineswegs überraschend in Kraft gesetzt.

Zudem hat das Bundesverfassungsgericht verschiedentlich betont, dass die Eingriffsintensität dadurch abgemildert wird, dass das Fremdpersonalverbot eben nur für die industrielle Schlachtung, Zerlegung und Fleischverarbeitung im oben näher beschriebenen Sinne gelte und damit gerade nicht das gesamte Geschäftsfeld der Schlachtung, Zerlegung und Fleischverarbeitung, sondern nur einen Teil davon betreffe.[72]

Zweifel an der offenbar behaupteten intensiven Betroffenheit sind schließlich auch deshalb anzumelden, weil zumindest einige der betroffenen Unternehmen wohl schon im Zeitpunkt der Einreichung der genannten (unzulässigen) Verfassungsbeschwerden ausweislich derselben offenbar erfolgreich begonnen hatten, Arbeitnehmerüberlassung in andere Bereichen auszubauen (vegane

---

69 S. zum Gesundheitsschutz als Ziel des Eingriffs C. II. 1. b) aa) (1) (c).

70 Verfügbar etwa unter https://www.bmwi.de/Redaktion/DE/Downloads/S-T/standortoffensive-fleisch-wirtschaft-selbstverpflichtung-attraktive-arbeitsbedingungen.pdf?__blob=publicationFile&v=1 (zuletzt aufgerufen am 20.2.2023).

71 Vgl. https://www.br.de/nachricht/fleischindustrie-selbstverpflichtung-100.html (zuletzt aufgerufen am 20.2.2023).

72 BVerfG 1.6.2022 – 1 BvR 2888/20, NZA 2022, 1045; zuvor bereits Ablehnung eines Eilantrags im Hinblick auf die zunächst fachgerichtlich zu klärenden Rechtsbegriffe in Bezug auf den Anwendungsbereich des Gesetzes, BVerfG 29.12.2020 – 1 BvQ 165/20 u.a., NZA 2021, 124.

Produkte, Tierfutter) sowie ob ihrer diesbezüglichen Expertise die Personalakquise für Unternehmen der fleischverarbeitenden Industrie zu übernehmen.

b) Rechtfertigung

Im Anschluss an den zuvor näher qualifizierten Grundrechtseingriff ist seine Rechtfertigungsfähigkeit zu untersuchen. Den beschriebenen Abwägungsmaßstab gilt es im Rahmen des Übermaßverbots resp. der Angemessenheit zu aktivieren.

aa) Legitime Rechtfertigungsgründe und Eignung des Fremdpersonalverbots zur Förderung derselben

Zunächst sind die vorliegend einschlägigen Rechtfertigungsgründe zu identifizieren; dabei wird die Eignung des Fremdpersonalverbots zur Förderung derselben in die Darstellung eingebunden. Jedenfalls für die objektiven Zwecke ist diese Darstellungsweise allein sinnvoll, wenn nicht alternativlos.[73]

(1) Legitime Rechtfertigungsgründe I – zugleich zu den Motiven des Gesetzgebers und der in Bezug genommenen Empirie

Zunächst wird den vom Gesetzgeber verfolgten Motiven nachgespürt.

(a) Gesetzgeberische Motive und Befunde aus den Überprüfungen der Unternehmen der Fleischwirtschaft

Aufschluss über die einschlägigen Rechtfertigungsgründe geben zunächst die in der Begründung des Gesetzesentwurfs der Bundesregierung zum Arbeitsschutzkontrollgesetz und insbesondere bzgl. § 6a Abs. 2 GSA Fleisch angeführten gesetzgeberischen Motive für das Fremdpersonalverbot in der Fleischwirtschaft. Hintergrund des verabschiedeten Fremdpersonalverbots sind ausweislich der Gesetzesbegründung nicht zuletzt verschiedene behördliche Prüfungen von Betrieben der Fleischwirtschaft.

---

73 Nach verbreiteter Auffassung ist im Rahmen der Verhältnismäßigkeitsprüfung vor einem Eingehen auf Eignung, Erforderlichkeit und Zumutbarkeit zunächst zu fragen, ob das Gesetz einen legitimen Zweck verfolgt. Eine solche vierstufige Prüfung ist indessen allein sinnvoll, soweit man lediglich vom Gesetzgeber verfolgte Zwecke als legitime Rechtfertigungsgründe anerkennt und folgerichtig nur diese bei der nachfolgenden Prüfung von Eignung, Erforderlichkeit und Zumutbarkeit zu Grunde legt. Anerkennt man dagegen objektive Zwecke eines Gesetzes als Rechtfertigungsgründe, ist ein vierstufiger Aufbau wenig sinnvoll, eine dreistufige Prüfung vielmehr vorzugswürdig. Die Feststellung eines objektiv legitimen Zwecks und die Eignung des Gesetzes zur Förderung dieses Zwecks fallen nämlich schon logisch auf einer Stufe zusammen, will man nicht in einem ersten Schritt nach *allen* objektiv legitimen Zwecken fragen, welche einen Grundrechtseingriff grundsätzlich zu rechtfertigen vermögen, und dann in einem zweiten Schritt, ob das Gesetz geeignet ist, einen dieser Zwecke zu fördern.

Bereits vor zehn Jahren war die Schlachtindustrie neben anderen Branchen (Bau, Gebäudereinigung, Pflege, Hotel- und Gastgewerbe, Transport und Logistik und Industriedienstleistungen) als ein Bereich aufgefallen, in dem systematisch durch Werkvertragskonstruktionen und Leiharbeit die Situation mobil Beschäftigter systematisch (aus)genutzt wurde, um Mindestarbeitsbedingungen und Tarifsystem zu umgehen.[74] Die nachfolgende Darstellung der jüngeren Praxis in der Fleischwirtschaft beruht vor allem auf Erkenntnissen aus Überwachungsaktionen des nordrhein-westfälischen Ministeriums für Gesundheit und Soziales zwischen Juli und September 2019 sowie im Frühjahr 2020,[75] auf welche auch die Entwurfsbegründung der Bundesregierung[76] maßgeblich gestützt ist.

Die Fleischwirtschaft hat sich in den letzten Jahren und Jahrzehnten zu einem immer größeren und von wenigen Unternehmen dominierten Industriezweig entwickelt. So schlachten die zehn größten Konzerne rund 80 % der Tiere.[77] In der nordrhein-westfälischen Fleischwirtschaft wurden in Schlachthöfen bis zu 30 Auftragnehmer/-innenunternehmen tätig mit zwischen zwei und 5000 Beschäftigten. In manchen Betrieben sind die Kernbereiche der Wertschöpfung zu 100 % mit Werkvertragsarbeitnehmer/-innen besetzt gewesen.[78] Eine solch exzessive Ausgliederung ist aus anderen Branchen nicht bekannt, jedenfalls nicht, soweit der Kernbereich der Wertschöpfung betroffen ist. Das Werkvertragspersonal verwendet typischerweise die Produktionsmittel des jeweiligen Fleischbetriebs.[79] Die Auftragnehmer/-innenunternehmen setzten, jedenfalls soweit es sich um größere Unternehmen handelt, ihre Beschäftigten in unterschiedlichen Schlachthöfen ein. Diese Unternehmen hatten entweder eine Niederlassung in Deutschland oder es handelte sich um deutsche Gesellschaften, während die Beschäftigten überwiegend aus osteuropäischen Ländern stammten. Dabei waren die Beschäftigten teils für mehrere Unternehmen tätig. Stammbeschäftigte der Auftragnehmer/-innenunternehmen waren vor allem in Verwaltung, Logistik und Betriebsaufsicht tätig.[80]

---

74 *Dälken*, Grenzenlos faire Mobilität? – zur Situation von mobilen Beschäftigten aus den mittel- und osteuropäischen Staaten, Berlin 2012.

75 Zusammenfassung bei *Deinert*, AuR 2020, 344, 344 f.; Dokumentationen auch bei: *MAGS NRW*, Überwachungsaktion. „Faire Arbeit in der Fleischindustrie". Abschlussbericht, Düsseldorf 2019; DGB, Werkverträge – Subunternehmer – Arbeitsbedingungen, Zur Situation der deutschen Fleischindustrie, Standpunkte und Fallbeispiele, Berlin 2017.

76 BT-Drs. 19/21978.

77 Vgl. Bericht zur Markt- und Versorgungslage mit Fleisch 2022 der Bundesanstalt für Landwirtschaft und Ernährung, S. 11.

78 BT-Drs. 19/21978, 3.

79 BT-Drs. 19/21978, 3.

80 BT-Drs. 19/21978, 19.

Arbeitnehmerüberlassung hatte in der Fleischindustrie wechselnde Bedeutung. Zuletzt war vor Inkrafttreten des Fremdpersonalverbots vor allem der Einsatz von Werkvertragsbeschäftigten dominant. Leiharbeit erfolgte in geringerem Umfang,[81] war aber im Vergleich zu anderen Branchen dennoch insgesamt überdurchschnittlich[82].

In der Fleischindustrie scheint der Wettbewerb insbesondere auch über die Personalkosten geführt zu werden. Das wird deutlich an der Lohnquote in Schlachtbetrieben ab 50 Beschäftigten. Nach Angaben des Statistischen Bundesamtes betrug sie im Jahr 2018 4,6 %, während sie in Betrieben der Herstellung von Nahrungs- und Futtermitteln insgesamt ab 50 Beschäftigten im selben Jahr bei 10,5 % lag. Im Corona-Jahr 2021 war sie auf 7,2 % angestiegen und sank im ersten Halbjahr 2022 wieder auf 5,9 %, während sie nach Angaben der Gewerkschaft NGG im gesamten Wirtschaftszweig der Nahrungs- und Futtermittelherstellung nur um weniger als einen Prozentpunkt angestiegen und im ersten Halbjahr 2022 wieder auf das Vorkrisenniveau gesunken war. Dementsprechend wurde Fremdpersonal über Werkverträge und Leiharbeit nicht etwa zum Abfedern von Auftragsspitzen oder zur Nutzung von Fremdexpertise eingesetzt,[83] sondern wesentlich als ein Instrument der Kostensenkung. Demgemäß zeigte sich ein Umfeld, welches durch Belegschaften im Bereich des Kerngeschäfts der Fleischindustrie (Schlachtung, Zerlegung, Verarbeitung) geprägt war, die ganz überwiegend aus Werkvertragsarbeiter/-innen und Leiharbeiter/-innen bestanden.

Bei den vom Gesetzgeber in Bezug genommenen Prüfungen wurde Folgendes festgestellt: Im Rahmen einer Schwerpunktprüfung im Jahr 2019 wurden in Nordrhein-Westfalen 30 Betriebe und 17.000 Arbeitsplätze in der Fleischindustrie überprüft. Dabei wurden 5900 teils gravierende Verstöße gegen das Arbeitszeitrecht festgestellt, etwa Nichteinhaltung der Mindestruhezeit und Arbeitszeiten von mehr als zehn, teils bis zu 16 Stunden am Tag. Darüber hinaus wurden fast 300 erhebliche Mängel des technischen Arbeitsschutzes mit teils hohem Gefährdungspotenzial aufgedeckt wie etwa fehlende Schutzeinrichtungen, versperrte Fluchtwege, gefährlicher Umgang mit Gefahrstoffen oder Fehlen persönlicher Schutzausrüstungen. In 2500 Fällen wurden notwendige arbeitsmedizinische Vorsorgeuntersuchungen, besonders bei Feuchtarbeit und Arbeit unter Lärmbedingungen nicht durchgeführt.

---

81 BT-Drs. 19/21978, 3.
82 BT-Drs. 19/21978, 20.
83 BT-Drs. 19/21978, 20.

Dagegen wurden in den (wenigen) Unternehmen der Fleischwirtschaft mit eigener Stammbelegschaft nur geringfügige Arbeitsschutzmängel festgestellt. Wegen der in diesen Unternehmen auch faktisch klaren Verantwortungsstrukturen konnte über Mängel im Übrigen zeitnah mit den Verantwortlichen gesprochen werden. Dementsprechend liegt nahe, dass Überprüfungen unter den durch das gesetzliche Fremdpersonalverbot bewirkten Bedingungen schneller und wirksamer und infolgedessen bei gleichem Personaleinsatz auch häufiger durchgeführt werden (können).[84]

(b) Verbesserung der Durchsetzung des Arbeitsrechts als legitimer Zweck zur Eingriffsrechtfertigung

Der Gesetzgeber zielt an die geschilderten Befunde anschließend zur Rechtfertigung des Grundrechtseingriffs durch das Fremdpersonalverbot u.a. auf eine anders nicht (gleichermaßen) realisierbare Verbesserung der Durchsetzung von Arbeitnehmer/-innenrechten (Arbeitssicherheit und Arbeitsschutzrecht) in der Fleischwirtschaft.[85] Der Validität dieser Annahme wird im Folgenden nachgegangen; dabei wird die entsprechende Eignung der Maßnahme i.S.d. der ersten Stufe der Verhältnismäßigkeit in die Darstellung eingebunden.

(aa) Verbesserung der Durchsetzung der Arbeitssicherheit und des Arbeitsschutzrechts

Nachfolgend werden ausgewählte Elemente des Arbeits(schutz)rechts unter Einschluss seiner nahezu zwangsläufigen faktischen Wirkungen/Mechanismen unter den Bedingungen einer fremdarbeitsdominierten Beschäftigung in der Fleischindustrie entfaltet, um daran anschließend die damit verbundenen und empirisch belegten Gefahren für die Arbeitssicherheit und das Arbeitsschutzrecht auszubuchstabieren bzw. zu erläutern.

(i) Gefährdung von Arbeitnehmer/-innenrechten bei Fremdpersonaleinsatz

Arbeitsrechtliche Pflichten treffen grundsätzlich den/die Arbeitgeber/-in, zu dem/der die Arbeitskraft in einem Vertragsverhältnis steht. Dritte treffen im Allgemeinen keine solchen Pflichten, wobei aber im Leiharbeitsverhältnis eine Ausnahme greift.[86] Weitere Ausnahmen greifen partiell beim Einsatz von Selbstständigen, soweit diese als arbeitnehmer/-innenähnliche Personen (z.B. § 2 S. 2 BUrlG, § 12a TVG) oder insbesondere als Heimarbeiter (§ 12 BUrlG, §§ 10 f. EntgFG, HAG) anzusehen sind. Beim drittbezogenen Personaleinsatz kommt zudem eine Einbeziehung in die Betriebsverfassung (Eingliederung in

---

84 Vgl. zum Ganzen BT-Drs. 19/21978, 22 f.
85 BT-Drs. 19/21978, 36 ff.
86 S. unter C. II. 1. b) bb) (2).

den Betrieb) in Betracht.[87] Dies ist aber gerade für den Fall des Einsatzes von Erfüllungsgehilf/-innen im Rahmen von Werk- oder Dienstverträgen nicht vorgesehen. § 80 Abs. 2 S. 1 BetrVG sieht insoweit zwar ein Unterrichtungsrecht des Betriebsrats hinsichtlich der Beschäftigung von Personen vor, die nicht in einem Arbeitsverhältnis zum/zur Arbeitgeber/-in stehen, indes keine auf diese Personen bezogenen Mitbestimmungsrechte oder Mitbestimmungsrechte hinsichtlich des Ob dieses Personaleinsatzes als solchem.[88]

Soweit der/die (Betriebs)Arbeitgeber/-in keine Personalhoheit über das eingesetzte Fremdpersonal hat und insbesondere keine Weisungsrechte hinsichtlich dieser Arbeitnehmer/-innen erlangt, bleibt es somit dabei, dass der/die Vertragspartner/-in im Rahmen eines Werk- oder Dienstvertrages als Vertragsarbeitgeber/-in grundsätzlich allein für die Einhaltung der arbeitsrechtlichen Rechte der Arbeitskraft verantwortlich bleibt. Das hat auch seinen guten Sinn, weil der/die Auftraggeber/-in des Arbeitgebers/der Arbeitgeberin einer im Rahmen eines Werk- oder Dienstvertrages eingesetzten Arbeitskraft normalerweise den Rahmen des arbeitsrechtlichen Einsatzes nicht beherrscht.

Gerade beim Onsite-Einsatz von Fremdpersonal kann dies allerdings anders sein. Der/die Betriebsinhaber/-in gestaltet die betrieblichen Produktionsabläufe und damit mittelbar die Bedingungen, unter denen Fremdpersonal tätig wird. Selbst der/die Vertragspartner/-in/Arbeitgeber/-in des Fremdpersonals hat nur eingeschränkt die Möglichkeit zur Gestaltung des Betriebsablaufs für den Einsatz des eigenen Personals, da er/sie die vorgefundenen Bedingungen hinnehmen muss und bestenfalls mit dem/der Betriebsinhaber/-in verhandeln kann. Zudem hat er/sie keinen Einfluss auf den Abschluss und Inhalt weiterer Dienst- und Werkverträge zum Onsite-Einsatz und kann mangels vertraglicher Beziehungen zu den anderen Auftragnehmer/-innen auch keinen Einfluss auf deren Verhalten und das Verhalten ihrer Arbeitnehmer/-innen nehmen. Regelmäßig kann ein/e Auftragnehmer/-in auf die Gestaltung des Betriebes resp. der Arbeitsabläufe nur bei Vertragsschluss Einfluss nehmen. Angesichts dieser erheblichen Fremdbestimmung scheint die Grenze zur verdeckten Arbeitnehmerüberlassung fließend.[89]

Demgegenüber hat der/die Betriebsinhaber/-in die Gestaltung des Betriebes weitgehend allein in der Hand. Er/sie entscheidet als Mieter/-in oder Eigentümer/-in von Räumlichkeiten über deren Zuschnitt, etwa das Vorhandensein und die Offenhaltung von Notausgängen, Belüftungseinrichtungen etc. Stellt er/sie Maschinen, so entscheidet er/sie auch über deren Gestalt und Funktiona-

---

87   BAG 4.11.2015 – 7 ABR 42/13, NZA 2016, 559; BAG 18.1.2017 – 7 ABR 60/15, NZA 2017, 865.
88   BAG 12.3.2019 – 1 ABR 47/17, NZA 2019, 850.
89   Vgl. BT-Drs. 19/21978, 21.

lität. Er/sie entscheidet auch, welche Vertragspartner/-innen für welche Wertschöpfungsschritte eingesetzt werden und wie deren Zusammenarbeit gestaltet werden soll. Das Einzige, worüber er/sie nicht entscheidet, ist die Erteilung von Weisungen an die Arbeitskräfte seiner Vertragspartner/-innen. Je konkreter aber die Vorgaben für die Vertragspartner/-innen sind, je einfacher die Tätigkeiten und je engmaschiger die Zusammenarbeit zwischen verschiedenen separaten Vertragspartner/-innen, desto weniger bedarf es noch expliziter Weisungen durch den/die Betriebsleiter/-in und sein/ihr eigenes Personal. Offenbar funktioniert dieser Mechanismus reibungslos. Denn die Unternehmen der Fleischindustrie haben vor Inkrafttreten des Fremdpersonalverbots zuletzt weitgehend auf Leiharbeitsverträge verzichtet, obschon deren Abschluss den/die Entleiher/-innen die eigennützige Ausübung des arbeitsrechtlichen Weisungsrechts ermöglichte. Daraus folgt indessen zugleich, dass gerade unter den Betriebsstrukturen in der Fleischindustrie ein Werkvertragsverbot ohne Weiteres durch Einsatz von Leiharbeit „unterlaufen" werden könnte. Wo selbst ohne Weisungen die Tätigkeit des Drittpersonals gestaltet werden kann, lässt sich das Gleiche erreichen, indem die bisherigen Werkvertragsunternehmer/-innen das Weisungsrecht für den/die Inhaber/-in des Schlachtbetriebes ausüben, sodass sich in den tatsächlichen Abläufen überhaupt nichts ändert.

Auch die Arbeitszeiten der Arbeitnehmer/-innen seiner/ihrer Vertragspartner/-innen können auf diese Weise durch den/die Betriebsinhaber/-in gesteuert werden: Wenn im Rahmen eines Dienst- oder Werkvertrages ein bestimmtes Arbeitsprogramm, etwa die Schlachtung von X Rindern vorgegeben wird, ergibt sich daraus die zu erbringende Arbeitsmenge. Ob der/die Vertragspartner/-in dies mit seinem/ihrem Personalbestand unter Einhaltung der Grenzen des Arbeitszeitrechts leisten kann, muss den/die Betriebsinhaber/-in nicht interessieren, solange die Arbeitsmenge erbracht wird. Wenn der/die Vertragspartner/-in die versprochene Leistung nicht erbringt, kann er/sie sich bei diesem schadlos halten, sodass erheblicher Druck in Richtung einer Missachtung des Arbeitszeitrechts entsteht, zumal wenn ein massiver Preiskampf unter den Auftragnehmern/-innen herrscht. Soweit es, wie in der Fleischindustrie, um verderbliche Ware geht, entsteht dadurch weiterer Druck auf die nachgelagerten Vertragspartner/-innen in der Wertschöpfungskette, die Arbeit nicht einfach mit Rücksicht auf die arbeitszeitrechtlichen Grenzen einzustellen. Nach allem hindert das bestehende „Fremdarbeitsrecht" den/die Betriebsinhaber/-in nicht effektiv daran, Betriebsabläufe unter Ausblendung arbeitsrechtlicher Schranken zu gestalten, trägt er/sie doch für die rechtswidrigen Folgen/Ergebnisse nicht die rechtliche Verantwortung. Vor diesem Hintergrund wurde die plastische Formulierung von der „organisierten Verantwortungslosigkeit"[90] geprägt.

---

90 Pressekonferenz von Bundesarbeitsminister *Hubertus Heil* v. 29.7.2021.

Zwar bleibt in einer solchen Konstellation letztlich selbstverständlich der/die Vertragsarbeitgeber/-in arbeitsrechtlich verpflichtet. Die aufgezeigten Missstände haben allerdings gezeigt, dass die Auftragnehmer/-innen der Fleischindustrie nicht willens oder in der Lage sind, diesen Pflichten nachzukommen, wobei die beschriebene Ausgliederung sämtlicher Teile der Wertschöpfungskette mit fortbestehender Betriebsleitungsmacht dies begünstigt: Der/die Betriebsinhaber/-in kann eine Lage begründen, die strukturell Anreize zur Missachtung arbeitsrechtlicher Pflichten schafft, und sich ebendies zu eigen machen, während er bei Arbeit mit eigenem Personal die Verantwortung für die Einhaltung solcher Bindungen trüge.[91] Der/die Auftragnehmer/-in kann zwar die Arbeit einstellen, ist dann aber nicht in der Lage, die Werkleistungen zu erbringen. Das schlägt sich in der Unfallstatistik nieder; so sind in der werkvertragsdominierten Fleischindustrie im Vergleich zu anderen Zweigen der Nahrungsmittelbranche und des Gastgewerbes doppelt so viele Arbeitsunfälle zu beklagen.[92]

Das Arbeitsschutzrecht hat dem offensichtlich beim Fremdpersonaleinsatz nicht genug entgegenzusetzen: § 8 ArbSchG regelt die Zusammenarbeit mehrerer Arbeitgeber/-innen im Arbeitsschutz. Die Bestimmung soll gerade der besonderen Gefährdungslage, die sich durch das Zusammentreffen Beschäftigter mehrerer Arbeitgeber/-innen ergibt, Rechnung tragen.[93] Allerdings verbleibt die arbeitsvertragliche Pflicht zur Gewährleistung des Arbeitsschutzes auch in der von § 8 ArbSchG erfassten Situation der Tätigkeit an einem Arbeitsplatz bei dem/der Vertragsarbeitgeber/-in.[94] Dritte Arbeitgeber/-innen können sich zwar u.U. schadensersatzpflichtig machen, etwa nach § 823 Abs. 2 BGB, wenn sie die Zusammenarbeitspflicht verletzen,[95] ihre Pflichten nach § 8 ArbSchG beschränken sich aber auf die Information, Abstimmung und Vergewisserung darüber, dass das Fremdpersonal angemessene Anweisungen erhalten hat. Zwar lassen sich aus der Bestimmung des § 8 Abs. 1 ArbSchG auch weitergehende arbeitsschutzrechtliche Pflichten über Informationen hinaus im Rahmen der Zusammenarbeit ableiten.[96] Aber auch wenn sich diese Bestimmung entsprechend auf die Konstellation anwenden lässt, dass ein/e Betriebsinhaber/-in u.U. gar keine eigenen Arbeitskräfte im Betrieb beschäftigt,[97] sondern ausschließlich Fremdpersonal tätig werden lässt, bedeutet die Bestimmung des § 8

---

91 Vgl. *Becker/Engel*, WSI-Mitt. 2015, 178, 182.
92 BT-Drs. 19/21978, 23.
93 *Pieper*, ArbSchR, § 8 Rn. 1.
94 *Julius*, Arbeitsschutz und Fremdfirmenbeschäftigung, Baden-Baden 2004, 147 ff.; *Pieper*, ArbschR, § 8 Rn. 3; *Schulze-Doll/Paschke*, FS Kohte, 2016, 493, 494 ff.; *Otto*, in: BDDH, Bd. 1 § 8 ArbSchG Rn. 10.
95 *Pieper*, ArbschR, § 8 Rn. 3; *Julius*, in: KFF Hk, § 8 ArbSchG Rn. 35.
96 Vgl. *Julius*, in: KFF Hk, § 8 ArbSchG Rn. 2, 17.
97 *Deinert*, AuR 2021, 344, 346. Vgl. auch *Julius*, in: KFF Hk, § 8 ArbSchG Rn. 14, allerdings in Bezug auf den Fremdpersonaleinsatz mit Solo-Selbstständigen.

ArbSchG nicht, dass der/die Betriebsinhaber/-in die Verantwortung für die Einhaltung des Arbeitsschutzes gegenüber Arbeitskräften anderer Arbeitgeber/-innen erlangt.[98] Diese Verantwortung verbleibt primär bei dem/der Vertragsarbeitgeber/-in. Gerade beim Tätigwerden als Fremdbelegschaft in anderen Betrieben ist damit ein gesteigertes Gefährdungspotenzial verbunden.[99] Das gilt zumal deshalb, weil es sich im Bereich der Schlachtung und Fleischverarbeitung um besonders verletzungsanfällige Arbeitsbereiche durch die Arbeit mit sehr scharfen Messern, gefährlichen Maschinen etc. handelt. Schließlich wird in diesem Zusammenhang von Verdachtsfällen berichtet, in denen Arbeitsunfälle nicht korrekt erfasst und gemeldet worden sein sollen.[100]

Auch die Durchsetzung des Arbeitszeitrechts wird durch die massive Fremdarbeit in der Fleischindustrie strukturell erschwert. Zwar gelten die gesetzlichen Höchstarbeits- und Mindestruhezeiten auch im Falle von Mehrfachbeschäftigungen,[101] sodass der/die Arbeitgeber/-in für deren Einhaltung Sorge tragen muss;[102] allerdings folgt auch bei Fällen der Zusammenrechnung der Arbeitszeiten keine Pflicht des Auftraggebers/der Auftraggeberin als Betriebsinhaber/-in, die Einhaltung des Arbeitszeitrechts in Bezug auf die Arbeitnehmer/-innen seiner Vertragspartner/-innen zu gewährleisten.

Wenn also arbeits(schutz)rechtliche Verpflichtungen verletzt werden, bleibt die rechtliche Verantwortung dafür allein bei den Auftragnehmer/-innenunternehmen. Das ist an sich dadurch gerechtfertigt, dass ein/e Vertragspartner/-in in einer arbeitsteiligen Wirtschaft nicht dafür Sorge zu tragen hat, dass sein/e Auftragnehmer/-in seine/ihre rechtlichen Verpflichtungen einhält. Nichtsdestotrotz ist es nicht nur „das Recht", sondern die Aufgabe des Gesetzgebers, auf die beschriebenen empirisch belegten faktischen Konsequenzen der geschilderten Ausgestaltung in der fremdarbeitsdominierten Fleischindustrie im Interesse der Durchsetzung des Arbeits(schutz)rechts und der Arbeitssicherheit zu reagieren. Vor diesem Hintergrund erklärt sich im Übrigen, warum der Gesetzgeber für die internationalen Wirtschaftsbeziehungen explizit Sorgfaltspflichten in globalen Lieferketten im Lieferkettensorgfaltspflichtengesetz (LkSG) geregelt hat.

---

98 *Pieper*, ArbschR, § 8 Rn. 14.
99 Vgl. *Guhlemann/Georg*, Gute Arbeit 3/2020, 8 ff.
100 DGB (Hrsg.), Ein wirksamer Schritt, Ein Jahr Arbeitsschutzkontrollgesetz in der Fleischindustrie – eine erste Bilanz, 27.
101 Für Höchstarbeitszeiten folgt dies aus § 2 Abs. 1 S. 1 a.E. ArbZG, für Mindestruhezeiten folgt das aus dem Normzweck, *vgl. Anzinger/Koberski*, ArbZG, § 5 Rn. 26 f.
102 So auch EuGH 17.3.2021 – C-585/19 *(ASE)*, NZA 2021, 549, allerdings für eine Konstellation, in welcher der Arbeitnehmer mehrere Arbeitsverhältnisse mit demselben Arbeitgeber hatte.

Als Zwischenfazit bleibt festzuhalten, dass die Begehung der befundeten zahlreichen Arbeits(schutz)rechtsverstöße durch den massiven Einsatz von Fremdpersonal – vor allem durch die Vergabe von Werkverträgen – in der Fleischindustrie und die damit (immanent) einhergehenden Verantwortungsregeln und -strukturen aus den genannten Gründen mehr als begünstigt wurden. Zentraler Ausgangspunkt war, dass die Unternehmer/-innen der Fleischindustrie als Auftraggeber/-innen durch betriebsorganisatorische Entscheidungen die Arbeitsbedingungen des Fremdpersonals beeinflussen, ja bestimmen konnten, ohne selbst die (arbeits)rechtliche Verantwortung für die Einhaltung des Arbeits- und Arbeitsschutzrechts übernehmen zu müssen.

(ii) Die sachangemessene Antwort: Inhaberverantwortlichkeit zur Sicherung der Arbeitnehmer/-innenrechte

Eine Verbesserung der Durchsetzung der Arbeitnehmer/-innenrechte könnte insbesondere durch einen vollständigen und transparenten Gleichlauf der Verantwortung für die Betriebsabläufe und die Einhaltung der arbeits- und arbeitsschutzrechtlichen Standards bezüglich aller im Schlachthof eingesetzten Arbeitnehmer/-innen erreicht werden. Eine solche Annahme ist angesichts der geschilderten (Über)Prüfungserfahrungen plausibel und der Gesetzgeber darf sie bei der Verfolgung seines Ziels der Verbesserung der Durchsetzung von Arbeitnehmer/-innenrechten in der Fleischwirtschaft zu Grunde legen.

Dem vorgefundenen Befund soll dementsprechend durch die Neuregelungen in § 6a GSA Fleisch begegnet werden. Dazu regelt seit dem 1. Januar 2021 § 6a Abs. 2 GSA Fleisch, dass der/die Inhaber/-in keine (Solo-)Selbstständigen im Bereich der Schlachtung tätig werden lassen darf. Außerdem darf er/sie nur Arbeitnehmer/-innen im Rahmen zu ihm/ihr bestehender Arbeitsverhältnisse tätig werden lassen. Der/die Inhaber/-in ist also künftig arbeitsrechtlich als Arbeitgeber/-in und mithin auch für Verstöße gegen das Arbeits(schutz)recht (allein) verantwortlich.

Nach Inkrafttreten des Arbeitsschutzkontrollgesetzes haben die großen Schlachtbetriebe offenbar große Teile der Fremdbelegschaften übernommen, häufig im Wege von Betriebsübergängen gem. § 613a BGB. Dies folgt aus Erkenntnissen des Projekts Faire Mobilität.[103] In der Folge hat sich auch die Erwartung einer besseren Einhaltung des Arbeitszeitrechts durch die Verantwortung des/der Inhaber-Arbeitgeber/-in wahrnehmbar bestätigt.[104]

---

103 *Sepsi/Szot*, Das Arbeitsschutzkontrollgesetz in der Praxis, 3; vgl. auch *Uhl/Bernhard/Sepsi/Specht*, in: Schmitz/Urban, 321, 328.

104 Vgl. das Interview mit *Raabe*, „Das zahlt sich für die Beschäftigten unmittelbar aus", in: DGB (Hrsg.), Ein wirksamer Schritt, Ein Jahr Arbeitsschutzkontrollgesetz in der Fleischindustrie – eine erste Bilanz, 16.

Um die mit dem Direktanstellungsgebot angestrebte Verantwortungskonzentration zu effektuieren, muss ein/e Unternehmer/-in den Betrieb fortan als alleinige/r Inhaber/-in führen. Nach § 6a Abs. 4 S. 1 GSA Fleisch muss er/sie insbesondere allein über die Nutzung der Betriebsmittel und den Einsatz des Personals entscheiden.[105] Ausdrücklich untersagt wird eine gemeinsame Führung des Betriebes durch § 6a Abs. 1 S. 2 GSA Fleisch, eben damit der/die Unternehmer/-in als alleinige/r Inhaber/-in zweifelsfrei alleinige Verantwortung trägt, sog. Kooperationsverbot. Durch diese Regelung wird verhindert, dass trotz einer Direktanstellung dennoch durch dritte Unternehmen im Wege der betrieblichen Dispositionen über den Personaleinsatz entschieden wird. Um auszuschließen, dass auch unter Beachtung dieser Vorgaben der Arbeitseinsatz durch andere als den/die Inhaber/-in und Arbeitgeber/-in bestimmt werden kann, enthalten § 6a Abs. 1 S. 1, Abs. 4 S. 2 und 5 GSA Fleisch Regelungen über die übergreifende Organisation. Eine solche liegt vor, wenn durch räumliche oder funktionale Einbindung in einen überbetrieblichen Produktionsverbund die betrieblichen Arbeitsabläufe inhaltlich oder zeitlich im Wesentlichen vorgegeben sind. Auf diese Weise wird verhindert, dass die Aufgliederung der betrieblichen Wertschöpfung in verschiedene Betriebe vom Gebot alleiniger Inhaber/-innenschaft entbindet. Denn § 6a Abs. 1 S. 1 i.V.m. Abs. 4[106] S. 2 GSA Fleisch ordnet an, dass derjenige/diejenige, der/die die übergreifende Organisation führt, diese als alleinig/e Inhaber/-in führen muss. Ausdrücklich nicht davon erfasst wird die „sinnvolle Kooperation" mehrerer Unternehmen in einer arbeitsteiligen Wirtschaft.[107] Bei dieser gibt es gerade keine übergreifende Organisation.

Nur für eine Übergangszeit bis zum 1. April 2021 war es dem/der Inhaber/-in und einem/einer Überlasser/-in gestattet, Leiharbeitnehmer/-innen im Bereich der Schlachtung einzusetzen. Eine weitere Übergangsregelung erlaubt den Einsatz von Leiharbeitnehmer/-innen auf tarifvertraglicher Grundlage[108] insbesondere, um Auftragsspitzen abdecken zu können, etwa hinsichtlich des Geschäfts der Grillsaison, das u.a. in einer Verfassungsbeschwerde angesprochen wurde. Die weitere Übergangsregelung soll es der Fleischindustrie und den Verleihunternehmen erlauben, sich auf das endgültige Leiharbeitsverbot einzustellen. Die Ausnahmeregelung wird durch Art. 3a des Arbeitsschutzkontrollgesetzes mit Wirkung ab 1. April 2024 wieder aufgehoben, sodass es nach

---

105 Dazu *Linsenmaier*, NZA 2021, 1315, 1316.
106 Die Verweisung in § 6a Abs. 1 S. 1 auf Abs. 3 S. 2 ist ein Redaktionsversehen, das nicht berücksichtigt, dass Abs. 3 S. 2 während der Überganszeit, in der die Leiharbeit auf Grundlage des neuen Abs. 2 von 1.4.2021 bis 31.3.2024 gestattet werden kann, zu Abs. 4 S. 2 wird.
107 BT-Drs. 19/21978, 37; *Däubler*, NZA 2021, 86, 89; *Polzin*, Die Regulierung von Werkverträgen und anderen arbeitsbezogenen Unternehmenskooperationen, RdA 2021, 84, 88.
108 Vgl. zur Praxis *Uhl/Bernhard/Sepsi/Specht*, Willkommen im neuen Fleischindustriezeitalter!?, 321, 331.

der dreijährigen Übergangsfrist beim vollständigen Verbot der Arbeitnehmerüberlassung im Bereich der Schlachtung bleibt.

Die vorstehenden Rechtfertigungsgründe rechtfertigen auch das Kooperationsverbot in § 6a Abs. 1 S. 2 GSA Fleisch. Der Gesetzgeber durfte das Direktanstellungsgebot gegen Gestaltungsmissbrauch zur Umgehung durch vermeintli-
che Kooperationen sichern,[109] zumal die „organisierte Verantwortungslosigkeit" zu der Befürchtung Anlass gab, dass das Direktanstellungsgebot bei dem/
der Inhaber/-in andernfalls unterlaufen werde.[110] Ausdrücklich will das Gesetz
nicht verhindern, dass es zu Kooperationsverbünden kommt, bei denen einzelne Produktionsschritte jeweils durch eigene Arbeitnehmer/-innen ausgeführt
werden, sofern dahinter nicht gesellschaftsrechtliche, organisatorische oder
wirtschaftliche Verflechtungen stecken („sinnvolle Kooperationen").[111]

Die Annahme, dass keine größere Zuverlässigkeit der Betriebsinhaber/-innen
im Hinblick auf deren Interesse an einer Geringhaltung der Kosten gewährleis-
tet sei,[112] verkürzt die Argumentation. Denn der/die Betriebsinhaber/-in trägt
nunmehr die Verantwortung für die Einhaltung der maßgeblichen Bestim-
mungen und kann nicht weiterhin Rechtsverstöße Dritter durch Setzung der
Rahmenbedingungen herausfordern, ohne dafür selbst die Verantwortung zu
tragen.

**(bb) Schutz bestehender Rechte als legitimer (Selbst)zweck
i.S.d. Eingriffsrechtfertigung**

Ohne dass dies der weiteren Begründung bedürfte, ist abschließend festzustellen, dass der Gesetzgeber (auf einer ersten Stufe) das (aus sich heraus) legitime
Ziel der verbesserten Durchsetzung der (andernfalls bedrohten) Einhaltung
rechtmäßigen geltenden Rechts, hier des Arbeits(schutz)rechts, verfolgt.

**(c) Grundgesetzliches Sozialstaatsprinzip und Grundrechts-
schutz gem. Art. 2 Abs. 2 S. 1 und Art. 12 Abs. 1 GG**

Jenseits der eigenständigen Legitimität des Rechtfertigungsgrundes „Schutz-
würdigkeit geltenden Rechts im Sinne einer ‚schlichten' Akzessorietät" zielen
die durch das Fremdpersonalverbot „geschützten" – in der Vergangenheit aber
eben häufig verletzten – Rechtsnormen des Arbeits- und Arbeitsschutzrechts
auf den sozialen und gesundheitlichen Schutz der Arbeitnehmer/-innen. Sie
dienen in dieser Ausrichtung dem Sozialstaatsprinzip und dem Schutz der
Grundrechte der Arbeitnehmer/-innen aus Art. 2 Abs. 2 S. 1 GG (Leben und

---

109 BT-Drs. 19/21978, 35.
110 Das übersieht *Linsenmaier*, NZA 2021, 1315, 1317; wie hier wohl *Polzin*, RdA 2021, 84, 84 ff.
111 BT-Drs. 19/21978, 37.
112 *Brors*, in: Schüren/Hamann, Einl. Rn. 108d.

körperliche Unversehrtheit) sowie Art. 12 Abs. 1 GG (Berufsfreiheit).[113] Bzgl. des Gesundheitsschutzes ist etwa an die erwähnten ca. 2500 festgestellten Fälle fehlender arbeitsmedizinischer Vorsorge (Feuchtigkeit, Arbeit unter Lärmbedingungen) sowie tausende Fälle der Überschreitung zulässiger Höchstarbeitszeit sowie der Nichteinhaltung von Ruhezeiten zu erinnern. Die insoweit verletzten Normen dienen gerade dem Gesundheitsschutz und ihre Einhaltung sollen durch das Fremdpersonalverbot (substanziell) optimiert werden. Und in Übereinstimmung mit der Begründung des Gesetzesentwurfs ist hinzuzufügen, dass angesichts der tatsächlichen Arbeits- und Lebensbedingungen der Arbeitnehmer/-innen in der Fleischindustrie die Zuordnung von gesundheitlichen Risiken und Gefahrenquellen am unmittelbaren Arbeitsplatz im Schlachthof, im weiteren Umfeld der Arbeit – wie z. B. bei Gemeinschaftstransporten von und zur Arbeit – sowie beim engen Zusammenleben in den von dem/der Arbeitgeber/-in direkt oder indirekt zur Verfügung gestellten Unterkünften nicht immer trennscharf möglich ist. Demgemäß dient das Fremdpersonalverbot nicht zuletzt dem Schutz der Gesundheit der in den Betrieben der Fleischwirtschaft betroffenen Arbeitnehmer/-innen – im Hinblick auf die aktuelle Pandemielage, aber auch hinsichtlich anderer und künftiger Infektionskrankheiten, die „angesichts der Vielfalt und Wandlungsfähigkeit der Krankheitserreger und der in der Fleischwirtschaft typischen Arbeitsbedingungen auch künftig nicht auszuschließen"[114] sein werden. Pandemiebekämpfung und -prävention zielen insoweit eben nicht allein auf den Schutz der öffentlichen Gesundheit,[115] sondern gerade auch auf den Gesundheitsschutz der arbeitsbedingt besonders vulnerablen Arbeitnehmer/-innen.

(d)   Effektuierung der Kontrollen in der Fleischwirtschaft

Im Rahmen einer alleinigen Zuständigkeit des/der Inhabers/Inhaberin gibt es keine Verantwortlichkeitszweifel, sodass Behörden das Arbeitsschutzrecht effektiver zur Geltung bringen können.[116] Das gilt zumal, weil die in der bisherigen Praxis vorkommende Verschleierung, wer Vertragspartner/-in und Arbeitgeber/-in ist,[117] auf diese Weise ausgeschlossen werden kann. Zudem erhalten die Kontrollbehörden eine/n Ansprechpartner/-in, der/die verantwortlich ist, aber auch praktisch in der Lage, Missständen abzuhelfen.[118]

---

113 Vgl. dazu, dass Art. 12 Abs. 1 GG gegenüber dem Sozialstaatsprinzip den konkreteren Maßstab setzt, BVerfGE 97, 169, 185. In BVerfGE 81, 242, 255 heißt es, dass die gesetzlichen Vorschriften die „objektiven Grundentscheidungen des Grundrechtsabschnitts und *damit zugleich* das grundgesetzliche Sozialstaatsprinzip verwirklichten".

114 Vgl. BT-Drs. 19/21978, 25.

115 Dazu unten C. II. 1. b) aa) (1) (g).

116 Vgl. BVerfG 29.12.2020 – 1 BvQ 152/20 u.a., NZA 2021, 120, Rn. 31.

117 BT-Drs. 19/21978, 22.

118 BT-Drs. 19/21978, 26.

Unbeschadet seiner inhaltlichen Nachbarschaft zur verbesserten Durchsetzung von Arbeitnehmer/-innenrechten liegt in der angesichts der geschilderten Überprüfungen in der Fleischwirtschaft ebenfalls plausiblen Annahme des Gesetzgebers einer Effektuierung der Kontrollen im Sinne einer quantitativen Ausweitung der Kontrollen bei gleichem Personaleinsatz durch die Finanzkontrolle Schwarzarbeit und die Arbeitsschutzbehörden der Länder[119] durch das Fremdpersonalverbot ein weiteres eigenständiges legitimes Ziel. Denn wenn das Fremdpersonalverbot (neben einer Reduzierung der Gesetzesverstöße) plausiblerweise wegen der damit bewirkten klaren Verantwortlichkeiten für die Einhaltung der Arbeitnehmer/-innenrechte zu einer Beschleunigung/Effektuierung der Kontrollen führt, können die staatlichen Ressourcen eben häufiger/effektiver zur Bekämpfung der Rechtsverstöße eingesetzt werden.

(e) Beseitigung gestörter Vertragsparität/eines signifikanten Kräfteungleichgewichts

Neben den in der Rechtfertigungsperspektive bereits verarbeiteten[120] Arbeitsschutzverstößen i.e.S. begünstigten die bisherigen Strukturen zudem die mindestens ethisch fragwürdige Ausnutzung der in mehrerlei Hinsicht schwachen (Verhandlungs)position der meist aus Osteuropa stammenden Werkvertragsarbeitnehmer/-innen. Durch die stetige Rechtsbeziehung haben Arbeitnehmer/-innen auch bessere Aussichten, ihre Rechte vor Gericht durchzusetzen. Insbesondere im Hinblick darauf, dass viele der bei den Auftragnehmer/-innenunternehmen beschäftigten Arbeitnehmer/-innen bislang im Ausland lebten und immer nur vorübergehend für die Einsätze vor Ort tätig waren, die Wahrscheinlichkeit einer (mindestens Neben)wohnsitznahme im Inland im Falle einer Direkteinstellung aber zunehmen wird, wird dies sprachliche und soziale Hürden bei der Rechtsverfolgung mindern. Diese Erwägungen gelten nicht nur für bisherige Werkvertragskonstellationen, sondern auch für die Leiharbeit.

Die bereits angesprochene Schwerpunktprüfung in Nordrhein-Westfalen brachte auch insoweit Erkenntnisse, als Auftragnehmer/-innenunternehmen zu Praktiken griffen, um Mindestlöhne zu unterlaufen, indem etwa Lohn für Miete oder persönliche Schutzausrüstungen (Letzteres trotz ausdrücklicher gesetzlicher Regelung in § 4 Abs. 1 GSA Fleisch a.F.) einbehalten wurde oder Anlernzeiten als Fortbildungen mit rechtswidrigen Rückzahlungsvereinbarungen deklariert wurden.[121] Auch Prüfungen der Finanzkontrolle Schwarzarbeit haben solche Verstöße ergeben, indem etwa Lohn für persönliche Schutzaus-

---

119 Vgl. BT-Drs. 19/21978, 26 oben.
120 Siehe oben C. II. 1) b) aa) (1) (b).
121 *MAGS NRW*, Überwachungsaktion. „Faire Arbeit in der Fleischindustrie", 9.

rüstungen, Miete, Fahrservice oder vermeintliches Fehlverhalten rechtswidrig einbehalten wurde.[122] Berichtet wird auch von verkappten Lohnreduzierungen durch Verlangen nach Einstiegsprämien,[123] aber auch durch Selbstfinanzierung von Arbeitskleidung und Arbeitsmitteln[124]. Umkleidezeiten und Materialtransporte würden nicht bezahlt, auf Pausen werde verzichtet, da die Arbeitsmenge in der regulären Arbeitszeit kaum oder gar nicht zu bewältigen sei.[125] Auch aus der Beratungspraxis des Projektes Faire Mobilität wird von der verschleierten Verletzung gesetzlicher Ansprüche durch Arbeitgeber/-innen berichtet.[126] So soll es undurchsichtige Sub-Substrukturen gegeben haben. Abrechnungen wurden danach offensichtlich gefälscht, es wurden Dokumente in deutscher Sprache, die die Betreffenden nicht lesen konnten, zur Unterschrift vorgelegt. Nicht abrechnungsfähige Kosten wurden abgerechnet, Dokumente nicht ausgehändigt, Urlaub wahrheitswidrig als gewährt eingetragen, Überstunden nicht ausbezahlt oder Arbeitszeiten falsch ausgewiesen. Berichtet wird auch von unzutreffenden A1-Bescheinigungen, die zur Versicherung im Heimatland zu heimischen Löhnen führten.

Hinzu kommt die Erschwerung der Rechtsdurchsetzung wegen regelmäßig fehlender oder jedenfalls mangelnder Sprach- und Rechtskenntnisse, fehlenden Vertrauens in die aus Sicht der ausländischen Arbeitnehmer/-innen unbekannten Instanzen, fehlender bzw. bewusst vorenthaltener Beweismittel, namentlich von Vertragsurkunden[127]. Die Identität des/der Arbeitgeber/-in wurde in der Praxis teils verschleiert, indem Dritte als Vertreter/-innen auftraten.[128] Die Verletzlichkeit migrantischer Arbeitnehmer/-innen in diesem Zusammenhang erklärt sich daraus, dass sie befürchten mussten, mangels Sozialleistungsansprüchen im Falle der Beendigung des Arbeitsverhältnisses in die Heimatländer mit schwieriger wirtschaftlicher Lage zurückkehren zu müssen.[129] Abhängigkeiten ergeben sich auch aus der Verknüpfung von (befristeten) Arbeitsverträgen mit Mietverträgen.[130]

Hinsichtlich vertraglicher Rechte der Arbeitnehmer/-innen gibt es keinerlei Regelungen, die andere Unternehmer/-innen bzw. Arbeitgeber/-innen in die Pflicht nehmen, diese Rechte, die die Arbeitnehmer/-innen gegenüber ihrem/ihrer Arbeitgeber/-in haben, zu gewährleisten. Allein für die Zahlung von Min-

---

122 BT-Drs. 19/21978, 2, 22.
123 *Bluhm/Birke/Stieber*, SOFI Working Paper 2020–21, 36.
124 *Bluhm/Birke/Stieber*, SOFI Working Paper 2020–21, 40.
125 *Bluhm/Birke/Stieber*, SOFI Working Paper 2020–21, 41 f.
126 Zum Folgenden *Dälken*, Grenzenlos faire Mobilität?, 25 f.
127 *Dälken*, Grenzenlos faire Mobilität?, 30 f.; BT-Drs. 19/21978, 22.
128 BT-Drs. 19/21978, 22.
129 *Birke/Bluhm*, WSI-Mitt. 2020, 501, 503; *Bluhm/Birke/Stieber*, SOFI Working Paper 2020–21, 36.
130 BT-Drs. 19/21978, 22, 39 f.

destentgelten nach dem Entsendegesetz und dem Mindestlohnrecht ist eine Auftraggeberhaftung unter bestimmten Voraussetzungen nach § 14 AEntG, § 13 MiLoG angeordnet.

Der/Die Inhaber/-in, in dessen/deren wirtschaftlichem Interesse die Wertschöpfung erfolgt, wird durch das Direktanstellungsgebot als Vertragspartner/-in auch für die Einhaltung sonstiger arbeitsvertragsrechtlicher Pflichten gegenüber den eingesetzten Arbeitnehmer/-innen verantwortlich. Die Möglichkeiten wurden durch die vorher bestehenden Strukturen, welche durch strukturell asymmetrische Verhandlungspositionen gekennzeichnet sind, erkennbar begünstigt resp. (faktisch) gestützt. Man mag auch von (substanziell) gestörter Vertragsparität resp. dem Fehlen eines annähernden Kräftegleichgewichts der Vertragsparteien sprechen. Bei Vorliegen eines solchen Kräfteungleichgewichts stellt die Beseitigung desselben nicht nur einen legitimen Rechtfertigungsgrund für den damit verbundenen Grundrechtseingriff dar; sie mag sogar grundrechtlich geboten sein (sog. grundrechtliche Schutzpflicht). Bei einem hinreichend gravierenden Kräfteungleichgewicht ist dessen Beseitigung durch den (alternativlosen) Grundrechtseingriff zum Schutz der Grundrechte, namentlich der Berufsfreiheit aus Art. 12 Abs. 1 GG, der Benachteiligten geboten. Diese Position kann in der Sache als mittlerweile gefestigte Rechtsprechung des Bundesverfassungsgerichts gelten, paradigmatisch zum Ausdruck gebracht etwa in der Handelsvertreterentscheidung. Dort heißt es, staatliche Regeln müssten ausgleichend eingreifen, um den Grundrechtsschutz zu sichern, wenn die Bedingungen freier Selbstbestimmung, auf denen das Prinzip der Privatautonomie beruhe, im Rahmen privatrechtlicher Beziehungen tatsächlich nicht gegeben seien.[131] Als weitere Beispiele dieser Rechtsprechungslinie sind etwa der Kündigungsschutzbeschluss[132] und die Bürgschaftsentscheidung[133] zu nennen.

Letztlich kommt es vorliegend indessen auf die Aktivierung der grundrechtlichen Schutzfunktion nicht an. Zur Rechtfertigung des Eingriffs mit dem Ziel der Beseitigung der Vertragsdisparität/des signifikanten Kräfteungleichgewichts bedarf es keiner grundrechtlichen Schutzpflicht; vielmehr reicht die Verfolgung dieses Ziels als legitimes Ziel im Sinne der eingriffsabwehrrechtlichen Grundrechtsdogmatik aus. Die grundrechtlich fundierte Schutzpflicht verpflichtet den Gesetzgeber bei Fehlen eines annähernden Kräftegleichgewichts im Kontext von Art. 12 Abs. 1 GG-relevanten Vertragsbeziehungen, zu denen die vormalige Situation in der Fleischwirtschaft angesichts der geschil-

---

131 BVerfGE 81, 242, 254 f.
132 BVerfGE 97, 169, vgl. dazu die Anmerkung von *Otto*, JZ 1998, 852 ff.
133 BVerfGE 89, 214; vgl. dazu *Wiedemann*, JZ 1994, 408, 411 ff.; *Zöllner*, AcP 196 (1996), 1, 1 ff.

derten Befunde zu zählen ist, aber darüber hinaus dazu, diese Situation gar aktiv zu verändern. Genau dies hat der Gesetzgeber mit dem Fremdpersonalverbot freiwillig getan. Ob der Gesetzgeber ein solches Gesetz (oder andere Maßnahmen) aus Gründen der grundrechtlichen Schutzpflicht erlassen *musste*, kann hier dahinstehen; jedenfalls *durfte* er es aus eben diesem legitimen Sachgrund.

In diesem Zusammenhang ist ferner anzufügen, dass das Bundesverfassungsgericht in seiner Entscheidung zum Verbot des Einsatzes von Leiharbeiter/-innen als Streikbrecher/-innen anerkannt hat, dass ein angemessener Sozialschutz der betroffenen Arbeitnehmer/-innen von erheblichem Gewicht sei und selbst gewichtige Grundrechtsbeschränkungen rechtfertigen könne.[134]

(f) Verbesserte Repräsentation im Rahmen betrieblicher Mitbestimmung

Weiter soll das Fremdpersonalverbot nach dem Willen des Gesetzgebers[135] eine umfassende Vertretung der Arbeitnehmer/-innen im Betrieb gewährleisten.[136]

Die betriebliche Interessenvertretung verwirklicht den Gedanken der Selbstbestimmung im Arbeitsleben und bringt demokratische Strukturen in die Gestaltung des Betriebes. Wenn ein Betrieb aber letztlich nur das Netzwerk von Aufträgen an Drittunternehmen ist, gibt es in diesem Betrieb keine Betriebsverfassung, weil die Voraussetzungen des § 1 BetrVG nicht erfüllt sind. Das schließt nicht aus, dass die Auftragnehmer/-innenunternehmen betriebsratsfähige Betriebe unterhalten und dort Betriebsräte gewählt werden. Allerdings sieht die Wirklichkeit offensichtlich anders aus. In vielen Auftragnehmer/-innenunternehmen werden Arbeitnehmer/-innen aus dem Ausland eingesetzt, sodass, selbst wenn das Betriebsverfassungsgesetz auf deren Betriebe anwendbar ist, weil diese im Inland belegen sind,[137] tatsächlich keine Betriebsräte gewählt werden. Zudem fehlt diesen, soweit sie existieren, der/die Ansprechpartner/-in beim entsprechenden Betrieb, weil diese/r eben nicht der/die Arbeitgeber/-in im Sinne des Betriebsverfassungsgesetzes für diese Arbeitskräfte ist, obwohl er/ sie durch die Gestaltung des konkreten Arbeitsablaufes die Rahmenbedingungen für die Arbeit setzt. Im Falle der Direktanstellung wird die Wahl von Betriebsräten durch stabile Arbeitsbeziehungen und einheitliche Arbeitsverhältnisse zu dem/der Betriebsinhaber/-in begünstigt. Für den Betriebsrat bei Tönnies in Rheda-Wiedenbrück etwa wurde geschätzt, dass sich die Zahl der Be-

---

134   BVerfG 19.6.2020 – 1 BvR 842/17, NZA 2020, 1186, Rn. 31.

135   BT-Drs. 19/21978, 26.

136   Vgl. auch *Laumann*, AuR 2020, 341, 341.

137   Zur Repräsentation von Betrieben mit Schwerpunkt im Inland durch Betriebsräte nach dem BetrVG vgl. *Deinert*, Betriebsverfassung in Zeiten der Globalisierung, 31 ff., 50 ff.

schäftigten von mehr als 600 mindestens verfünffache.[138] Das würde nach den Regelungen der §§ 9, 38 BetrVG bedeuten, dass statt eines elfköpfigen ein 23-köpfiger Betriebsrat zu wählen wäre und statt mindestens zwei mindestens fünf oder sechs Betriebsratsmitglieder freizustellen wären.

Der Gesichtspunkt, dass im Einsatzbetrieb Betriebsräte gewählt werden können, stellt sich bei der Leiharbeit allerdings etwas anders dar. Denn Leiharbeiter/-innen können gemäß § 7 S. 2 BetrVG bei einem längeren als dreimonatigen Einsatz den Betriebsrat wählen. Dieser vertritt auch deren Interessen. Sollte die Wertschöpfung in der Fleischwirtschaft aber, wie vom Gesetzgeber befürchtet, im Falle der fortdauernden Zulässigkeit der Leiharbeit allein durch Arbeitnehmerüberlassung bewerkstelligt werden, werden Betriebsratswahlen im Einsatzbetrieb zwar in der Regel möglich sein, da auch die erforderliche Zahl passiv wahlberechtigter Arbeitnehmer/-innen (drei gemäß § 1 Abs. 1 S. 2 BetrVG) durch Eigenpersonal, etwa Aufsichtskräfte oder kaufmännische Arbeitnehmer/-innen, erreicht werden wird. Indes wird die Bereitschaft zur Betriebsratswahl bei Arbeitnehmer/-innen in solchen heterogenen Strukturen erheblich reduziert sein.

Demgemäß ist der Ausschluss von Leiharbeit in der Fleischwirtschaft auch insoweit durch vernünftige Allgemeinwohlerwägungen gerechtfertigt. Hinzu kommt, dass die Wahl von Betriebsräten der oben näher entfalteten Durchsetzung des Arbeitnehmer/-innenschutzes dient. Denn der Betriebsrat hat nach § 80 Abs. 1 Nr. 1 BetrVG ein Überwachungsmandat im Hinblick auf die zugunsten der Arbeitnehmer/-innen geltenden Rechtsvorschriften.[139]

Die Ausweitung und/oder Effektuierung der Vertretung der Arbeitnehmer/-innen in den Betrieben durch (größere) Betriebsräte ist als ein vom Gesetzgeber im und durch das Betriebsverfassungsgesetz gesetztes bzw. verfolgtes eigenständiges legitimes Ziel zu qualifizieren. Diese Zielsetzung wird durch das Fremdpersonalverbot quasi akzessorisch befördert und trägt demgemäß selbst zur Förderung dieses Ziels bei. Darin liegt demzufolge ein weiterer eigenständiger Rechtfertigungsgrund für den Grundrechtseingriff.

(g) Schutz der öffentlichen Gesundheit durch Verringerung der Gefahr von Infektionskrankheiten

Des Weiteren nennt der Gesetzentwurf die Verringerung der Gefahr von SARS-CoV-2-Infektionen als Ziel des Fremdpersonalverbots.[140] Dagegen wird

---

138 *Birke*, Sozial.Geschichte Online 29 (2021), 41, 82.

139 Zur Rolle der Betriebsräte in Bezug auf den Arbeitsschutz bei Fremdpersonaleinsatz vgl. *Schulze-Doll/Paschke*, FS Kohte, 2016, 493, 502 ff.

140 BT-Drs. 19/21978, 26, 39.

dem Fremdpersonalverbot in der Literatur bereits die Eignung zur Verfolgung dieses Ziels abgesprochen, da es keinen Einfluss auf die Arbeits-, Transport- und Unterkunftsbedingungen habe, welche aber eben maßgeblich für die Ausbreitung des Virus seien.[141]

Die Schlachtindustrie ist wegen Klima- und Kühlanlagen besonders anfällig für SARS-CoV-2 Infektionen durch Aerosole auch über größere Distanzen, was zu massenhaften Infektionen geführt hat, weil Hygienevorschriften offenbar nicht eingehalten wurden.[142]

Die Direktanstellung bei einem Unternehmen, das den Betrieb der Fleischwirtschaft als Inhaber/-in führt, bewirkt, dass Arbeitnehmer/-innen – auch wenn es nicht verboten ist, Nebenbeschäftigungen aufzunehmen – in der Regel in einer stabilen Vertragsbeziehung zu dem/der Betriebsinhaber/-in stehen. Auch im Falle eines befristeten Arbeitsvertrages sind kurzfristige Einsatzwechsel grundsätzlich die Ausnahme. Demgegenüber kann ein Auftragnehmer/-innenunternehmen im Falle des Fremdpersonaleinsatzes eine/n Arbeitnehmer/ -in im Einsatzbetrieb regelmäßig jederzeit abziehen und andernorts einsetzen. Insgesamt bewirkt die Direktanstellung eine Reduzierung der Mobilität. Gerade in Zeiten der Pandemie, die angesichts immer neuer Virusmutationen mutmaßlich noch einige Jahre fortdauern wird, ist die Verringerung der Arbeitskräftemobilität von erheblicher Bedeutung: Selbst wenn die Einhaltung des Arbeitsschutzes besser als bislang durchgesetzt werden könnte, führt die Direktanstellung zu einer Kontaktminimierung durch sinkenden Bedarf etwa an Sammeltransporten. Derartige Kontaktminimierungen wirken der Ausbreitung der Corona-Pandemie ebenso entgegen wie der Ausbreitung anderer Viruserkrankungen, die über kleine Distanzen hinweg unfreiwillig durch die Beschäftigten mithilfe von Aerosolen übertragen werden können. Und auch diesbezüglich gilt, dass der verbesserte Gesundheitsschutz als überragend wichtiges Gemeinschaftsgut zu qualifizieren ist.[143]

Dieser Gesichtspunkt greift gleichermaßen für die Arbeitnehmerüberlassung wie für die Beauftragung von Unternehmen mit Erfüllungsgehilf/-innen im Rahmen von Werk- und Dienstverträgen. Schon konzeptionell ist die Arbeitnehmerüberlassung auf kurzzeitige Arbeitseinsätze ausgerichtet. Auch die genannten Verfassungsbeschwerden betonten offenbar verschiedentlich, dass es um die Abfederung von Auftragsspitzen im Einsatzunternehmen gehe. Dies ist auch im Rahmen der Übergangsregelung bis März 2024 durch die strenge

141 *Boemke u.a.*, NZA 2020, 1160, 1163; ähnl. *Bayreuther*, NZA 2020, 773, 774 f.
142 *Birke*, Sozial.Geschichte Online 29 (2021), 41, 53 ff.
143 Und bereits an dieser Stelle sei angemerkt, dass andere, weniger intensiv eingreifende Mittel zur Mobilitätsreduzierung und in Konsequenz dessen zur Kontaktreduzierung, nicht ersichtlich sind.

Höchsteinsatzdauer, die auch arbeitsplatzbezogen gilt, so angelegt, wie das Arbeitnehmerüberlassungsgesetz (AÜG) insgesamt im Hinblick auf die Höchstüberlassungsdauer nach § 1 Abs. 1b AÜG auf vorübergehende Einsätze im Einsatzbetrieb ausgerichtet ist. Demgemäß hat der Gesetzgeber zugleich einen angemessenen Ausgleich zwischen dem Infektionsschutzinteresse an Mobilitätsreduzierungen und den Unternehmer/-inneninteressen an kurzfristiger Abdeckung von Personalbedarf geschaffen und dabei zudem der Leiharbeitsbranche ein wichtiges Betätigungsfeld in ihrem Kerngeschäft belassen. Die Gewerkschaft NGG hat ferner darauf hingewiesen, dass solche Auftragsspitzen zu einem Großteil durch Arbeitszeitflexibilisierungen abgefedert werden könnten. Bei saisonalen Spitzen besteht zudem die Möglichkeit des Abschlusses befristeter Arbeitsverträge nach § 14 Abs. 1 Nr. 1 oder Abs. 2 TzBfG.

Hinsichtlich der Unterkunftsbedingungen lässt sich die vorstehende Argumentation fortschreiben, da sich die Wahl der Unterkunft typischerweise nicht zuletzt danach richtet, ob sich eine Person an einem Standort nur vorübergehend aufhält und wohnt oder eben langfristig. Bei einer langfristigen Aufenthaltsperspektive werden die Möglichkeiten bzgl. der Anmietung von Wohnungen – auch wegen der vermieterseitig zu erwartenden größeren Akzeptanz – mutmaßlich signifikant steigen. Insbesondere wird die Unterbringung in Sammelunterkünften bei stabiler Beschäftigung im Rahmen der Direktanstellung abnehmen. Wer dauerhaft in einem Betrieb arbeitet, wird eine eigene Unterkunft für sich und die Familienangehörigen suchen. Kontakte zu einer großen Anzahl von Arbeitskolleg/-innen rund um die Uhr auf engstem Raum mit geringen Abständen würden dadurch minimiert. In diesem Zusammenhang sei darauf hingewiesen, dass das Bundesverfassungsgericht die Annahme, dass die Ansteckungsgefahr in Innenräumen größer und eine Einhaltung von Schutzmaßnahmen im Privatbereich weniger sicher sei als bei Kontakten in der Arbeitswelt, als auf tragfähige Grundlagen gestellt angesehen hat.[144]

Schließlich wird privat bedingte Mobilität sich naheliegenderweise verringern, wenn die Wohnverhältnisse besser und stabiler sind und die Familie an den Arbeitsort (nach)zieht.

All diese Überlegung gelten gleichermaßen für etwaig zukünftig auftretende Virusinfektionen oder andere ansteckende Krankheiten. Die Bundesregierung hat sich in der Begründung des Gesetzesentwurfs insoweit explizit auch auf die Bekämpfung künftiger Epidemien bezogen.[145]

---

144 BVerfG 19.11.2021 – 1 BvR 781/21 u.a., NJW 2022, 139, Rn. 288.
145 BT-Drs. 19/21978, 25.

(2) Legitime Rechtfertigungsgründe II – legitime Zwecke jenseits der Motive des Gesetzgebers (sog. objektive Zwecke)

Wie später gezeigt wird, lassen sich für das Fremdarbeitsverbot über die zuvor entfalteten Rechtfertigungsgründe hinaus weitere, indessen vom Gesetzgeber (wohl) nicht bedachte/verfolgte Gründe angeben. Bevor auf diese eingegangen wird, muss erörtert begründet werden, ob auch diese Gründe zur Rechtfertigung von Grundrechtseingriffen, vorliegend durch das Fremdpersonalverbot, taugen.

(a) Zur Rechtfertigungstauglichkeit vom Gesetzgeber nicht oder nur randständig bedachter/verfolgter Rechtfertigungsgründe

Untersucht wird nachfolgend m.a.W., ob für die Eingriffsrechtfertigung ausschließlich auf die vom Gesetzgeber verfolgten Zwecke (im Folgenden „subjektive Zwecke") oder auch auf sonstige objektiv legitime, aber vom Gesetzgeber nicht verfolgte oder übersehene Zwecke (im Folgenden „objektive Zwecke"), denen das Gesetz tatsächlich (auch) dient, abgestellt werden darf oder gar muss. Rechtspraktische Relevanz erlangt diese Anerkennung objektiver Zwecke, wenn der vom Gesetzgeber verfolgte Zweck – anders als ein objektiver Zweck, den das Gesetz fördert – kein legitimer ist[146] oder zwar ein legitimer ist, aber als Bezugspunkt der Verhältnismäßigkeitsprüfung das Verfassungswidrigkeitsverdikt nicht abzuwehren vermag, weil das Gesetz nicht geeignet ist, *diesen* Zweck zu fördern, oder sich unter Berücksichtigung nur *dieses* Zwecks der Eingriff durch das Gesetz als nicht erforderlich oder unzumutbar erweist.[147]

(aa) Skizzierung des Meinungsstands

Die – jenseits impliziter Positionierungen – [148] wenigen Äußerungen in der Literatur zur Zulässigkeit der Rechtfertigung von Grundrechtseingriffen nach

---

146 In der Judikatur des Bundesverfassungsgerichts relevant geworden ist dies etwa in einer Konstellation, in der der Gesetzgeber ausschließlich oder jedenfalls primär wettbewerbsfeindliche bzw. protektionistische Ziele verfolgte, um bereits im Markt agierende Unternehmen vor (steigendem) Wettbewerbsdruck durch (potenzielle) inländische und/oder ausländische Konkurrenz zu schützen, vgl. BVerfG, NJW 1998, 1776, 1777.

147 Im Kontext der grundgesetzlichen Grundrechtsprüfung ist die Differenz zudem dann von Belang, wenn ein Gesetz in Grundrechte mit qualifiziertem Gesetzesvorbehalt oder in so genannte vorbehaltslose Grundrechte eingreift, aber nur ein objektiver, nicht aber der vom Gesetzgeber verfolgte Zweck den besonderen Qualifikationsanforderungen genügt. Bei vorbehaltslosen Grundrechten ist dies unter Zugrundelegung der Rechtsprechung des Bundesverfassungsgerichts und der ganz h.M. dann der Fall, wenn nur der objektive, nicht aber der subjektive Zweck, den das Gesetz fördert, als Rechtsgut von Verfassungsrang einzustufen ist. Schließlich ergeben sich kaum überwindbare Probleme bei der Eingriffsrechtfertigung, soweit man auf den vom Gesetzgeber verfolgten Zweck abstellt, dieser aber nicht bekannt oder diffus ist oder aber von den verschiedenen am Gesetzgebungsprozess Beteiligten unterschiedliche Zwecke verfolgt wurden.

148 In der Grundrechtsliteratur ist im Kontext der Rechtfertigung von legislativen Grundrechtseingriffen die Formulierung verbreitet, auf der ersten Stufe der Verhältnismäßigkeitsprüfung zu fragen, ob der

Maßgabe objektiver Zwecke zeichnen ein gespaltenes Meinungsbild.[149, 150] Ähnlich ist der Befund bzgl. der Rechtsprechung des Bundesverfassungsgerichts. Während sich für die These einer ausschließlichen Maßgeblichkeit der vom Gesetzgeber verfolgten Zwecke als Rechtfertigungsgründe für grundrechtseingreifende Gesetze in der Rechtsprechung des Zweiten Senats des Bundesverfassungsgerichts Belege finden,[151] hat der Erste Senat in drei Entscheidungen aus den Jahren 1967 und 1972 und 1987[152] objektive Zwecke als

---

Gesetzgeber mit dem eingreifenden Gesetz ein legitimes Ziel verfolgt bzw. angestrebt, welches dann im Weiteren den Bezugspunkt der Eignungs-, Erforderlichkeits- und Zumutbarkeitsprüfung bildet. Oder es wird auf den vom Gesetz verfolgten, angestrebten bzw. erstrebten Zweck (Ziel) abgestellt, was zumindest implizit ebenfalls auf die Motive des Gesetzgebers abhebt. Vgl. *Ipsen*, Staatsrecht II, Rn. 185f.; *Enders*, in: BeKo GG, vor Art. 1 Rn. 123; implizit *Dreier*, in: ders., Grundgesetz Kommentar, Bd. 1, Vorb. Rn. 146; *Sachs*, in: ders., Art. 20 Rn. 149 f.; *Clemens*, in: Umbach/Clemens, Bd. 1, Vor. Art. 2 ff. Rn. 77; *Hillgruber*, in: Umbach/Clemens, Bd. 1, Art. 2 Rn. 158. Auffällig ist demgegenüber, dass sich bei der Erörterung qualifizierter Gesetzesvorbehalte – welche die Rechtfertigungszwecke beschränken – bzw. der Rechtsgüter von Verfassungsrang bei vorbehaltlosen Grundrechten kaum Wendungen finden, die auf eine Beschränkung der Prüfung auf subjektive Zwecke hindeuten, siehe diesbezüglich ohne die Bezugnahme auf den vom Urheber der Maßnahme verfolgten Zweck etwa *Sachs*, in: ders., Vor. Art. 1 Rn. 116, 120 ff.; *Clemens, ebenda*, Vor. Art. 2 ff. Rn. 67 f.

149 Für eine Exklusivität subjektiver Zwecke *Wernsmann*, NVwZ 2000, 1360, 1362 ff.; für die Zulässigkeit objektiver Zwecke *Groß*, KJ 35 (2002), 1, 14 ff. Vgl. auch *H. Schulze-Fielitz*, in: Dreier GG, Art. 20 Rn. 201, der ein „Mindestmaß an Begründung" vom Normgeber verlangt, ohne welches eine Überprüfung etwa der Verhältnismäßigkeit oder der Gleichbehandlung gar nicht möglich wäre. Damit akzeptiert er implizit nur subjektive Zwecke als Eingriffsrechtfertigungsgründe. Kritisch zur Auswechslung des Gesetzeszweckes durch das Bundesverfassungsgericht auch *Sodan*, NJW 2003, 257, 258.

150 Gespalten ist das Meinungsbild auch bei der verwandten und breiter diskutierten Frage einer verfassungsrechtlichen Pflicht zur Begründung von Gesetzen. Für eine Begründungspflicht *Lücke*, Begründungszwang und Verfassung, 1987, 214 ff. mit Fn. 283–286; *ders.*, ZG 2001, 1, 30 ff.; *Schwerdtfeger*, Festschrift für Ipsen, 173, 184 f.; *Pestalozza*, NJW 1981, 2081, 2086; *von Arnim*, Staatslehre der Bundesrepublik Deutschland, 1984, S. 325 f.; *Jekewitz*, Der Staat 27 (1988), 631, 631 f.; dagegen *K. Schlaich*, VVDStRL 39 (1980), 99, 109; *ders./Korioth*, Das Bundesverfassungsgericht, 8. Aufl., München 2001, Rn. 540 ff.; *Gusy*, ZRP 1985, 291, 297 f.; *Meßerschmidt*, Gesetzgebungsermessen, S. 921 f.; *Masing/Risse*, in: MKS GG, Bd. 2, Art. 76 Rn. 13, 70f.; *Schmidt-Jortzig/Schürmann*, in: BoKo GG, Art. 76, Rn. 182; *Schneider*, Gesetzgebung, Rn. 130; *Britz*, Kulturelle Rechte und Verfassung, S. 294 f.; *Groß*, KJ 35 (2002), 1, 14 ff. Vgl. auch *Redeker/Karpenstein*, NJW 2001, 2825, 2825 ff.; *Hill*, Einführung in die Gesetzgebungslehre, 1982, S. 79 f.; *Benda*, Grundrechtswidrige Gesetze, S. 22 ff.

151 BVerfGE 93, 121, 147, wo der Zweite Senat im Hinblick auf die Rechtfertigung einer Ungleichbehandlung nach Art. 3 Abs. 1 GG eine „erkennbare Entscheidung" des Gesetzgebers verlangt, welche Zwecke er mit dem (Steuer)gesetz verfolgt; ferner BVerfGE 86, 90, 107 f. – kommunale Neugliederung, wo eine Gesetzesbegründung unter Anbindung an ein (substanzielles) Informationsrecht betroffener Gemeinden aus Art. 28 Abs. 2 S. 1 GG gefordert wird; BVerfGE 72, 330, 405 – Finanzausgleich. In BVerfGE 86, 148, 212 betont der Zweite Senat dagegen, dass es für die verfassungsrechtliche Beurteilung auf das Ergebnis der gesetzgeberischen Entscheidung ankomme und dass aus den materiellrechtlichen Bindungen keine verfahrensrechtlichen Anforderungen im Sinne spezifischer Begründungsanforderungen abgeleitet werden können. BVerfGE 99, 280, 296 f. – eine in diesem Zusammenhang mehrfach genannte Entscheidung –, verlangt hinsichtlich der Rechtfertigung einer Verschonungssubvention, dass der Gesetzgeber „Ziel und Grenze der Lenkung mit hinreichender Bestimmtheit *tatbestandlich* vorzeichnet" (Hervorhebung des Verfassers). Zur Rechtsprechung des Zweiten Senats auch *Wernsmann*, NVwZ 2000, 1360, 1361. Vgl. auch VerfGH NW, 6.7.1999 – VerfGH 14/98 und 15/98, NVwZ 2000, 666, 667 f. – unzureichende Begründung der 5%-Klausel.

152 BVerfGE 21, 292, 299; 33, 171, 186; 75, 246, 268, alle Erster Senat. Freilich finden sich auch beim Ersten Senat Wendungen, welche auf eine exklusive Berücksichtigung subjektiver Zwecke zur Eingriffsrecht-

Rechtfertigungsgründe von Grundrechtseingriffen anerkannt und diese Position in einer Kammerentscheidung aus dem Jahre 1998 überdeutlich bestätigt. Dort heißt es: „Denn das Bundesverfassungsgericht prüft, ob eine gesetzliche Regelung verfassungsgemäß ist, unter Berücksichtigung aller Gesichtspunkte, auch wenn sie in der Gesetzesbegründung keinen Niederschlag gefunden haben."[153]

(bb) Zur Begründung objektiver Zwecke als zulässige Rechtfertigungsgründe

Nachfolgend wird begründet, warum objektive Zwecke als grundsätzliche grundgesetzlich taugliche Rechtfertigungsgründe von Eingriffen zu qualifizieren sind. Ausgangspunkt einer Auseinandersetzung um die Zulässigkeit objektiver Zwecke als zulässige Anknüpfungspunkte einer Rechtfertigung von Grundrechtseingriffen[154] ist der grundgesetzliche (und einfachgesetzliche) Be-

---

fertigung hinweisen. So heißt es etwa in BVerfGE 17, 306, 314, „dass die Mittel des Eingriffs zur Erreichung des *gesetzgeberischen* Zweckes geeignet sein müssen" (Hervorhebung der Verfasser). Daraus lässt sich u.E. aber nicht ableiten, dass der Erste Senat doch nur subjektive Zwecke als Rechtfertigungsgründe anerkennen will, soweit – wie in der zitierten Entscheidung – keine Divergenz zwischen subjektiven und (potenziellen) objektiven Zwecken vorliegt. Auch die von *Wernsmann*, NVwZ 2000, 1360, 1362, aus der zitierten und ähnlichen Formulierungen gezogene Schlussfolgerung, wonach daran deutlich werde, dass Zwecke (auch) nach Auffassung des BVerfG stets und begriffsimmanent subjektive Zwecke seien, teilen wir nicht. Auch dem ersten Fristenlösungsurteil des Ersten Senats (BVerfGE 39, 1 ff.) ist entgegen *Redeker/Karpenstein*, NJW 2001, 2825, 2829, nicht zu entnehmen, dass fehlende „gute Absichten" einzelner Abgeordneter entscheidungserheblich geworden sind. Vielmehr klassifiziert der Erste Senat verschiedene von den Abgeordneten im Rahmen der Gesetzesberatungen vertretene Positionen als verfassungsrechtlich nicht haltbar. Zuzugeben ist *Redeker/Karpenstein*, ebenda, allerdings, dass in BVerfGE 38, 61, 100 f. auch beim Ersten Senat zunächst anklingt, dass nur subjektive Zwecke eine Grundrechtseinschränkung – in Rede stand eine Verletzung von Art. 12 Abs. 1 i.V.m. Art. 3 Abs. 1 GG – zu rechtfertigen vermögen, wenn es dort heißt, Sinn und Zweck der (Befreiungs)vorschrift werden aus der Entstehungsgeschichte nicht hinreichend klar. Indes untersucht der Erste Senat in dieser Entscheidung, bevor er das Verfassungswidrigkeitsverdikt schlussfolgert, denkbare Zielsetzungen der Vorschrift, die letztlich sachlich nicht durchzugreifen vermögen, vgl. ebenda, S. 101 f. Vergleichbares gilt für die von *Redeker/Karpenstein*, ebenda, angeführten Beschlüsse des Ersten Senats BVerfGE 48, 376 ff. und 38, 213 ff., siehe zum Eingehen auf objektive Zwecke in diesen Beschlüssen BVerfGE 48, 276, 389 f. und 38, 213, 222 f. Schließlich fehlte es beim Verbot der Nachnahmeversendung lebender Tiere ausweislich der Gesetzgebungsmaterialien nicht an einem gesetzgeberischen Zweck, nämlich dem Tierschutz; der Erste Senat bemängelte in BVerfGE 36, 47, 59 ff. vielmehr, dass ein umfassendes Verbot der Nachnahmeversendung lebender Tiere mangels tatsächlicher spezifischer Gefährdungen durch eine Nachnahmeversendung zum Tierschutz nicht geeignet bzw. erforderlich ist.

153 BVerfG, NJW 1998, 1776, 1777. Diese Position wird durch die Entscheidung des Bundesverfassungsgerichts zur Tarifeinheit nicht infrage gestellt. In dieser hat das Gericht bei der Auslegung des § 4a TVG den Zweck des Schutzes von Unternehmen und Öffentlichkeit vor zunehmendem Streikgeschehen explizit unbeachtet gelassen. Dabei ging es aber nicht um die Frage einer objektiven Rechtfertigung der Regelung, sondern im Rahmen der Auslegung der Bestimmung darum, ob der Normzweck auch das Arbeitskampfrecht erfasse. Das Gericht hat dies mit der Argumentation verneint, dass der Gesetzgeber bewusst von einer Regelung des Arbeitskampfrechts Abstand genommen hatte, vgl. BVerfG 11.7.2017 – 1 BvR 1571/15 u.a., NZA 2017, 915, Rn. 139.

154 Davon zu unterscheiden ist das hier nicht zu behandelnde Problem gesetzgeberischer Sachaufklärungspflichten. Insoweit geht es im Kontext von Grundrechtseingriffen insbesondere um die Frage, ob und inwieweit der Gesetzgeber recherchieren muss, welche genauen Eingriffswirkungen (Art und In-

fund, dass dem Grundgesetz keine ausdrückliche Aussage dazu zu entnehmen ist, ob eine Rechtfertigung gesetzlicher Beschränkungen der Grundrechte nur nach Maßgabe subjektiver Zwecke zulässig ist. Ebenso fehlt es in der Verfassung an einer Bestimmung, welche den Gesetzgeber zur Begründung seiner legislativen Maßnahmen verpflichtet.

(i)   Demokratie- und Gewaltenteilungsprinzip

Gegen eine Berücksichtigung objektiver Zwecke als Eingriffsrechtfertigungsgründe wird unter Bezugnahme auf den hohen Rang genetischer Auslegung insbesondere gegen die Rechtsprechung des Ersten Senats eingewandt, die Judikative setze sich über den Willen des Gesetzgebers in einer mit dem Gewaltenteilungs- und Demokratieprinzip unvereinbaren Weise hinweg.[155] Freilich vermag der Vorwurf einer judikativen Usurpation legislativer Gewalt durch die Anerkennung objektiver Zwecke nicht zu überzeugen. Es befremdet schon im Ansatz, wenn das Gewaltenteilungs- und mehr noch das Demokratieprinzip dafür fechten sollen, vom Parlament verabschiedete Gesetze aufzuheben – zumal wenn das Parlament uneingeschränkt hinter dem *Inhalt* des Gesetzes steht. Zudem wird das Parlament solche Gesetze nach ihrer Aufhebung regelmäßig inhaltsgleich mit „richtiger Begründung" erneut verabschieden. Und wenn das Parlament ein solches Gesetz mit „richtigem Inhalt" dennoch (ausnahmsweise) nicht mehr will, steht es ihm ob seiner Befugnis zur Gesetzgebung frei, es aufzuheben. Die Prinzipien werden folglich in ihr Gegenteil verkehrt, wenn sie dazu herangezogen werden, Maßnahmen des Gesetzgebers seitens der Judikative zu kassieren.

(ii)   Objektive Zwecke und die These von der verfassungsfundierten Pflicht zur Gesetzesbegründung

Wie bereits angedeutet, hat die Forderung einer Berücksichtigung nur subjektiver Zwecke zur Konsequenz, dass in jedem grundrechtseingreifenden Gesetz unmissverständlich Auskunft über die Motive des Gesetzgebers gegeben werden müsste, will man das Gesetz nicht bereits mangels (eruierbarer) subjektiver Zweckverfolgung als verfassungswidrig qualifizieren. Wegen dieses Zusammenhangs und weil die These einer verfassungsfundierten Pflicht zur Ge-

---

tensität des Eingriffs) ein Gesetz hat und welche Vorteile damit verbunden sind, vgl. dazu nur m.w.N. *Groß*, KJ 35 (2002), 12 ff. Insbesondere bzgl. Letzterem ist freilich ein (enger) Zusammenhang mit der Frage, ob auch objektive Zwecke Grundrechtseingriffe zu rechtfertigen vermögen, unverkennbar.

155   *Wernsmann*, NVwZ 2000, 1360, 1362 f. Vgl. zum Demokratieprinzip als Grundlage einer verfassungsfundierten Begründungspflicht staatlichen Handelns *Lücke*, Begründungszwang und Verfassung, 1987, S. 95 ff. Dabei hebt er maßgeblich auf eine dem Demokratieprinzip inhärente Konsensfunktion sowie ein Publizitätsgebot ab, das grundsätzlich auch die Offenlegung der Motive gegenüber dem Volk fordert, welche die staatlichen Organe zu ihrem Handeln veranlassen.

setzesbegründung[156] durchaus verbreitet Zuspruch erfährt,[157] ist an dieser Stelle auch auf die spezifischen zur Fundierung einer Begründungspflicht vorgetragenen Argumente einzugehen.[158]

Abgeleitet wird eine Pflicht zur Gesetzbegründung zunächst aus dem Gebot effektiven Rechtsschutzes gem. Art. 19 Abs. 4 S. 1 GG. Dabei wird die Prämisse zu Grunde gelegt, dass es für die verfassungsrechtliche Bewertung eines Gesetzes auch auf die „inneren Vorgänge" des Gesetzgebungsverfahrens ankomme. Daran anknüpfend sei es eine mit Art. 19 Abs. 4 S. 1 GG unvereinbare Erschwernis, die Motive des Gesetzgebers nicht in Gestalt einer Gesetzesbegründung offen zu legen.[159] Unabhängig von der umstrittenen Einbeziehung der Legislative in den Begriff der „öffentlichen Gewalt" i.S.v. Art. 19 Abs. 4 S. 1 GG[160] führt dieser Begründungsansatz im vorliegenden Zusammenhang nicht weiter, weil eben gerade die Prämisse in Frage steht, ob nämlich allein die subjektiven Zwecke, die Motive des Gesetzgebers, einen zulässigen Grund für die Eingriffsrechtfertigung bilden.

Auch eine teils verfochtene Fundierung legislativer Begründungspflichten in Art. 20 Abs. 3 GG vermag nicht zu überzeugen. Soweit insoweit auf das Prinzip der Rechtssicherheit als konkretisiertes Unterprinzip des Rechtsstaatsprinzips abgehoben wird,[161] ist selbstverständlich zutreffend, dass dieses – insbesondere aus der Perspektive des Gesetzesadressaten – Berechenbarkeit und Klarheit staatlichen Handelns verlangt.[162] Angesichts der insgesamt moderaten Anforderungen an das dem Prinzip der Rechtssicherheit korrespondierende Bestimmtheitsgebot wird man aber in einer fehlenden Gesetzesbegründung (allein) keine Verletzung von Art. 20 Abs. 3 GG erkennen können.

---

156 Bejahte man eine solche Pflicht, genügte die den Gesetzesentwürfen von ihren Initianten regelmäßig beigefügte „amtliche Begründung" nicht, insoweit zutreffend *Lücke*, ZG 2001, 1, 32. Weder macht das Parlament sich die Begründung zwingend zu eigen noch entscheidet es über diese mit. Zudem kommt es im Laufe des Gesetzgebungsverfahrens häufig zu Änderungen der Gesetzesvorlage, siehe auch *Meßerschmidt*, Gesetzgebungsermessen, S. 920 f.; vgl. zum Begründungszwang für Gesetzesvorlagen der Bundesregierung § 43 I i.V.m. § 42 I GGO, für Gesetzesvorlagen aus der Mitte des Bundestages § 76 II GO-BT („kurze Begründung"). Die GO-BR sieht keine Begründungspflicht vor.

157 Vgl. oben Fn. 150.

158 Auf das Demokratieprinzip als Grundlage einer Begründungspflicht (vgl. dazu bereits Fn. 155) wird hier nicht nochmals eingegangen. Die gegen eine Zurückweisung dieses Ableitungszusammenhangs zur Begründung einer ausschließlichen Berücksichtigung subjektiver Zwecke bei der Eingriffsrechtfertigung vorgetragenen Argumente treffen mutatis mutandis auch die These einer verfassungsfundierten Begründungspflicht für Gesetze.

159 *Lücke*, Begründungszwang und Verfassung, 63 ff., insbesondere 66 f.

160 Vgl. dazu nur *Ibler*, in: BeKo GG, Art. 19 IV Rn. 82 ff.

161 *Lücke*, Begründungszwang und Verfassung, 217 i.V.m. 92 ff.; auf das Rechtsstaatsprinzip abstellend auch *Pestalozza*, NJW 1981, 2081, 2086.

162 Insoweit noch zutreffend *Lücke*, Begründungszwang und Verfassung, 92.

Soweit die Begründungspflicht für Gesetze einer in Art. 20 Abs. 3 GG verbürg-ten „Selbstkontrollfunktion" zur Vermeidung verfassungswidriger Gesetze entnommen wird,[163] mag man einräumen, dass eine solche Selbstkontrolle im Interesse einer Selbstvergewisserung des Parlaments zur Vermeidung „zweck-loser" Gesetze zu begrüßen ist,[164] aber daraus noch keine verfassungsrechtliche Pflicht resultiert. Die intendierte Vermeidung verfassungswidriger Gesetze wird unter der Geltung des Grundgesetzes durch eine judikative Kontrolle, na-mentlich des Bundesverfassungsgerichts, sichergestellt. Substanzielle Argu-mente, wonach daneben aus Art. 20 Abs. 3 GG eine legislative Begründungs-pflicht auslösende Selbstkontrollfunktion abzuleiten ist, sind nicht ersichtlich.

Wenn schließlich aus einer in Art. 20 Abs. 3 GG wurzelnden Fremdkontroll-funktion – Kontrolle vor allem durch das Bundesverfassungsgericht – eine ge-setzgeberische Begründungspflicht resultieren soll, weil die Kontrolle auch die Kenntnis der „inneren Vorgänge" des Gesetzgebungsverfahrens voraussetzt,[165] ist dem das bereits zu Art. 19 Abs. 4 GG Ausgeführte entgegenzuhalten. Die Kenntnis der gesetzgeberischen Motive als (ausschließlicher) Maßstab der Rechtmäßigkeitskontrolle – namentlich, ob allein die subjektiven Zwecke, die Motive des Gesetzgebers, einen zulässigen Grund für die Eingriffsrechtferti-gung bilden – steht vorliegend gerade in Frage.

Eine Begründungspflicht für den Einzelnen (nicht unwesentlich) belastende staatliche – einschließlich gesetzgeberischer – Entscheidungen wird zudem auf eine maßgeblich in Art. 1 Abs. 1 GG verankerte Befriedungsfunktion ge-stützt.[166] Andernfalls werde der Einzelne „zum bloßen Objekt im Staat".[167] Un-abhängig davon, ob eine Verletzung von Art. 1 Abs. 1 GG schon allein dann zu bejahen ist, wenn der Einzelne zum Objekt staatlichen Handelns wird,[168] liegt jedenfalls in der Annahme einer Verletzung von Art. 1 Abs. 1 GG mangels Be-gründung eines den Einzelnen (nicht unwesentlich) belastenden Gesetzes eine Banalisierung der Menschenwürde.

---

163 *Lücke*, Begründungszwang und Verfassung, 1987, 40 f.; *ders.*, ZG 2001, 1, 31.

164 Vgl. zur Diskussion über eine optimale Methodik der Gesetzgebung (als Verfassungspflicht) *Schwerdt-feger*, Festschrift für Ipsen, 173 ff.; *Breuer*, Der Staat 16 (1977), 21, 40 ff.; *Gusy*, ZRP 1985, 291, 297 f.; *Wahl*, Der Staat 20 (1981), 485, 504; *Lorenz*, in: Starck/Stern, Bd. 3, 193, 222; *Merten*, in: Hill, Zustand und Perspektiven der Gesetzgebung, 1989, 81 ff.; *ders.*, in: von Maydell, 51, 54 ff.; *Pestalozza*, NJW 1981, 2081, 2081 ff.

165 *Lücke*, ZG 2001, 1, 31 f.

166 *Lücke*, Begründungszwang und Verfassung, 72 ff.; *ders.*, ZG 2001, 1, 32 f.

167 *Lücke*, Begründungszwang und Verfassung, 75 f.

168 Vgl. dazu nur *Lücke*, Begründungszwang und Verfassung, 74 f.

(iii) Problematische Konsequenzen einer Exklusivität subjektiver Zwecke als Eingriffsrechtfertigungsgründe für das Gesetzgebungsverfahren

Die Erörterung abschließend wird illustriert, dass die These von der Exklusivität subjektiver Zwecke als Eingriffsrechtfertigungsgründe und die damit implizierte gesetzgeberische Begründungspflicht überaus problematische und kaum gewollte Konsequenzen für das Gesetzgebungsverfahren generiert. Schwierigkeiten ergeben sich etwa, wenn die Abgeordneten oder Fraktionen mit der Verabschiedung des Gesetzes unterschiedliche Zwecke verfolgen, die sämtlich in die Gesetzesbegründung einfließen, wovon aber nur ein Zweck ein legitimer ist. Um es plastischer zu machen: Nehmen wir an, ein Gesetz über den Verlust der Zulassung zur kassenärztlichen Versorgung wird mit den Stimmen der Regierungsfraktionen verabschiedet, welche über insgesamt 60 % der Mandate verfügen. Die Hälfte dieser Abgeordneten, also insgesamt 30 %, stimmen für das Gesetz wegen eines legitimen Zwecks (Leistungsschwäche älterer Ärzt/-innen), während die andere Hälfte nach dem Grundgesetz inakzeptable Zwecke verfolgte (Konkurrenzschutz). Wendet man die Forderung nach einer Exklusivität subjektiver Zwecke als Eingriffsrechtfertigungsgründe – und insbesondere ihre Fundierung im Demokratieprinzip – konsequent auf diesen Sachverhalt an, wäre das Gesetz, weil nicht von den Zwecksetzungen einer ausreichend demokratisch legitimierten Mehrheit getragen, als verfassungswidrig aufzuheben. Um die Zwecksetzung quantifizierbar (und justiziabel) zu machen, müsste die Gesetzesbegründung folgerichtig nicht nur Auskunft darüber geben, welche Zwecke überhaupt mit dem Gesetz verfolgt werden, sondern auch wie viele Abgeordnete hinter welchem Zweck stehen. Potenziert werden die Schwierigkeiten, wenn verschiedene Organe – insbesondere Bundesrat und Bundestag – bei der Gesetzgebung zusammenwirken. Auch diese Konsequenzen[169] sollten verdeutlichen, dass grundrechtseingreifende Gesetze auch dann gerechtfertigt sind, wenn sie durch objektiv legitime Zwecke gerechtfertigt sind, die der Gesetzgeber nicht erkannt hat oder ausdrücklich nicht verfolgen wollte.[170] Freilich bleibt es dem Bundesverfassungsgericht unbenommen, die

---

169 Zu weiteren Schwierigkeiten *Groß*, KJ 35 (2002), 1, 14 ff; instruktiv zu den (verfassungsrechtlich vorgezeichneten) Grenzen parlamentarischer Gesetzgebung auch *Gusy*, ZRP 1985, 291, 297 f.

170 Gegen eine Berücksichtigung vom Gesetzgeber nicht verfolgter Gesetzeszwecke wird weiter eingewandt, nur Handelnde könnten Zwecke verfolgen. Ein Gesetz könne keine Zwecke verfolgen, die nicht Zwecke des handelnden Subjekts, des Gesetzgebers, seien, *Wernsmann*, NVwZ 2000, 1360, 1362. Es ist eine rein terminologische Frage, ob man die legitimen Ziele, Interessen oder Rechtsgüter, welchen ein Gesetz objektiv dient, als „(objektive) Zwecke" eines Gesetzes bezeichnet oder nicht. Selbst wenn man die terminologischen Vorbehalte gegen den Begriff „objektive Zwecke" akzeptiert – hier wird an dem Begriff festgehalten, weil er den Gegensatz zu eben subjektiven Zwecken anschaulich macht –, wären verfassungsrechtlich legitime Anliegen als Rechtfertigungsgründe eines Grundrechtseingriffs *in der Sache* deshalb nicht diskreditiert. Die Wahl (juristischer) Begriffe ist eben vor allem eine Frage der Zweckmäßigkeit; jede wissenschaftliche Disziplin, ja jede Kommunikation muss ihren (Forschungs)gegenstand sprachlich fixieren, vgl. auch *Seiffert*, Einführung in

Fehlerhaftigkeit der gesetzgeberischen Zwecksetzung festzustellen. Dies ist sogar sinnvoll, um etwaigen Fehlvorstellungen über die Legitimität grund- und verfassungsrechtlich inakzeptabler Zwecke vorzubeugen.

(cc) Ergebnis

Angesichts der vorstehenden Analyse darf (und muss ggfs.) bei der verfassungsrechtlichen Rechtfertigung von Grundrechtseingriffen nach dem Grundgesetz auf objektiv legitime, aber vom Gesetzgeber nicht verfolgte oder übersehene Zwecke abgestellt werden.

(b) Ausschluss der Ausbeutung instabiler Beschäftigung bei der Wohnraumvermietung

Das Fremdpersonalverbot dient der Bekämpfung (krimineller) verdeckter Mietpreisüberhöhung. Die im Anschluss an massive Covid19-Ausbrüche in mehreren großen Schlachthöfen in Nordrhein-Westfalen durchgeführten Kontrollen haben ergeben, dass Wohnraum in teils beklagenswerten Zuständen (Schimmelbefall, Ungezieferbefall etc.)[171] zu deutlich überhöhten Preisen vermietet wurde.[172] Zudem hat sich den Ermittler/-innen der Verdacht aufgedrängt, dass über schwer nachvollziehbare Unternehmensverbindungen auch das Arbeitgeber/-innenunternehmen involviert war, indem preisüberhöhte Wohnraumüberlassung und Arbeitsverhältnis miteinander verbunden wurden – mit der Konsequenz in der Sache möglicherweise unterschrittener Mindestlöhne.[173] Eine solche Praxis ist nicht nur gegenüber Arbeitnehmer/-innen, die als Erfüllungsgehilf/-innen von Auftragnehmer/-innen tätig werden, sondern auch gegenüber Leiharbeitnehmer/-innen möglich, soweit diese ihren gewöhnlichen Aufenthalt im Ausland haben und nur vorübergehend zum Zweck der Beschäftigung im Inland tätig werden.

Eine solche Ausbeutung instabiler Beschäftigung für Zwecke der Wohnraumvermietung ist im Falle einer Direktanstellung weitgehend ausgeschlossen. Zwar wird berichtet, dass es auch nach Inkrafttreten des Direktanstellungsge-

---

die Wissenschaftstheorie, Band I, 12. Aufl., 1996, 54; *Schulte*, Schlichtes Verwaltungshandeln, 1995, 29. Mit dieser Festlegung soll hier selbstverständlich nicht der Versuch unternommen sein, sich im Universalienstreit zwischen Realismus und Nominalismus und ihren jeweiligen Ausprägungen zu positionieren, wenn auch in der Ausrichtung auf die Zweckmäßigkeit eine Nähe zum Nominalismus erkennbar sein mag. Vgl. zum Universalienstreit *Störig*, Kleine Weltgeschichte der Philosophie, 267 ff.; *Kaufmann*, in: Einführung in die Rechtsphilosophie und Rechtstheorie der Gegenwart, 923, 41 f.; *Schulte*, ebenda, 28 f.

171 Vgl. BT-Drs. 19/21978, 3. Daher wurden im Zuge des Arbeitsschutzkontrollgesetzes in dessen Art. 4 auch Anforderungen an Gemeinschaftsunterkünfte in der ArbStättV eingeführt.

172 Dazu und zum Folgenden *Deinert*, AuR 2020, 344, 345.

173 Vgl. zu diesem Gesichtspunkt auch BT-Drs. 19/21978, 38.

bots prekäre Wohnbedingungen zu überhöhten Preisen gibt.[174] Allerdings hat sich die Situation bereits deutlich verbessert.[175]

(c) Stärkung der Effektivität tarifvertraglicher Normsetzung

Vorangestellt sei, dass es sich bei der „Organisation der Arbeitsbeziehungen" unter (zentraler oder jedenfalls begleitender) Einbeziehung tarifvertraglicher Gestaltung nicht nur um einen „einfachen" legitimen Zweck, sondern gar um einen vom Grundgesetz als legitim und erwünscht ausgewiesenen Zweck handelt.[176] Und die Direktanstellung mit Kooperationsverbot ermöglicht eben eine effektivere Normierung von Arbeitsbedingungen durch Tarifverträge. Denn in diesem Fall sind sämtliche Arbeitskräfte, die im Betrieb tätig werden, zur einheitlichen Entwicklung kollektiver Gegenmacht gegen den/die Arbeitgeber/-in in der Lage. Beim Einsatz von Fremdbelegschaften unterliegen die Arbeitnehmer/-innen hingegen bestenfalls unterschiedlichen tariflichen Regelungen, tatsächlich faktisch aber oftmals auch gar keinen, weil die Arbeitgeber/-innen nicht tarifgebunden sind und es den Arbeitnehmer/-innen effektiv nicht gelingt, Haustarifverträge mit diesen zu verhandeln. Das gilt auch, wenn die Fremdbelegschaften Leiharbeitnehmer/-innen sind.[177]

Der Wandel der Fleischindustrie hin zum massiven und organisierten Einsatz von Fremdpersonal hat, nicht zuletzt über die zunehmende Beseitigung tarifgebundener Beschäftigung im Kerngeschäft der Unternehmen, die bis dahin bestehenden Tarifvertragsstrukturen beseitigt.[178] Einen Mindestlohn in der Fleischwirtschaft gab es nur vorübergehend vom August 2014 bis Ende 2017, der im Wege der Rechtsverordnung auf Grundlage des Arbeitnehmerentsendegesetzes den gesetzlichen Mindestlohn während der Übergangsphase nach § 24 Abs. 1 MiLoG abbedungen hat.[179] Diese Entwicklung ließ schon erwarten, dass die Etablierung neuer Tarifvertragsstrukturen durch Rückkehr zur Direktanstellung begünstigt werde. Die nachfolgende Entwicklung hat das bestätigt. Nach Inkrafttreten des Direktanstellungsgebots wurde beobachtet, dass ehemals Werkvertragsbeschäftigte sich an Protestaktionen und Warnstreiks beteiligten und es gelang, eine Lohnuntergrenze durch Branchenmindestlohn zu

---

174 *Sepsi/Szot*, Das Arbeitsschutzkontrollgesetz in der Praxis, 8.
175 *Babet-Täuber/Suciu/Witoszek*, „Die Fleischbetriebe sind jetzt direkt verantwortlich und nicht mehr irgendwelche Subunternehmer", in: DGB (Hrsg.), Ein wirksamer Schritt, Ein Jahr Arbeitsschutzkontrollgesetz in der Fleischindustrie, 12, 14.
176 Vgl. *Polzin*, RdA 2021, 84, 86; ferner *Schulten/Specht*, Ein Jahr Arbeitsschutzkontrollgesetz, Grundlegender Wandel in der Fleischindustrie?, APuZ 51–52/2021, 40.
177 *Polzin*, RdA 2021, 84, 86 f.
178 *Schulten/Specht*, APuZ 51–52/2021, 36.
179 BT-Drs. 19/21978, 22; vgl. dazu auch *Weinkopf/Hüttenhoff*, Der Mindestlohn in der Fleischwirtschaft, WSI-Mitt. 2017, 533 ff.

vereinbaren.[180] Daran schlossen sich teils Tarifverhandlungen auf betrieblicher und Konzernebene an.[181] Während der Tarifauseinandersetzung hat die Gewerkschaft NGG zudem rund 1800 neue Mitglieder, unter ihnen zu 2/3 ehemals Werkvertragsbeschäftigte, gewonnen.[182]

(d) Lebensmittelsicherheit

Erlaubnisinhaber/-innen können die Einhaltung des Lebensmittelrechts schwerlich gewährleisten, wenn sie keinen Zugriff auf die Tätigkeiten der Beschäftigten haben, wie dies aber im Fall von Werkverträgen und Leiharbeit gegeben ist. Durch Beherrschbarkeit der Produktionstätigkeiten ihrer Beschäftigten können die Inhaber/-innen künftig auch die Einhaltung des Lebensmittelrechts besser gewährleisten als zuvor. Dieser zwangsläufige Begleiteffekt ist als weiteres legitimes Ziel des Fremdpersonalverbots zu klassifizieren.

(e) Infektions- und Gesundheitsprävention angesichts zoonose-anfälliger Arbeitsplätze in der Fleischindustrie: Empirie und rechtliche Würdigung

Die Weltgesundheitsorganisation geht davon raus, dass etwa 75 % aller Infektionskrankheiten im Wege der Zoonose übertragen werden.[183] Zoonosen sind Übertragungswege vom Tier auf den Menschen.[184] So wird davon ausgegangen, dass Krankheiten wie Ebola, SARS, MERS, Creuzfeldt-Jakob-Krankheit, Schweinegrippe und Vogelgrippe auf diesem Wege auf den Menschen übergegangen sind.[185] Auch bei COVID-19 wird dies zumindest für möglich gehalten. Insoweit gilt als gesichert, dass Fledermäuse gewissermaßen ein natürliches Reservoir für SARS-Viren sind; allerdings wird angenommen, dass die Übertragung auf den Menschen durch einen Zwischenwirt, möglicherweise den Marderhund, erfolgt ist, sieht man einmal von der in den USA geäußerten Vermutung eines Laborunfalls ab.[186]

Dabei setzt die Übertragung in der Regel einen direkten Kontakt zwischen Mensch und lebendem oder totem Tier voraus. Vor diesem Hintergrund sind Schlachthöfe besonders anfällig dafür, Übertragungsort von Infektionskrankheiten im Wege der Zoonose auf den Menschen zu sein.[187]

---

180 *Sepsi/Szot*, das Arbeitsschutzkontrollgesetz in der Praxis, 7; *Uhl/Bernhard/Sepsi/Specht*, Willkommen im neuen Fleischindustriezeitalter!?, 321, 329 f.

181 *Schulten/Specht*, APuZ 51–52/2021, 40.

182 *Schulten/Specht*, APuZ 51–52/2021, 40.

183 https://www.woah.org/en/what-we-do/global-initiatives/one-health/ (zuletzt aufgerufen am 20.2.2023).

184 https://www.zoonosen.net/zoonosenforschung/was-sind-zoonosen (zuletzt aufgerufen am 20.2.2023).

185 https://www.peta.de/themen/tierseuchen/ (zuletzt aufgerufen am 20.2.2023).

186 https://zoonosen.net/der-ursprung-der-pandemie (zuletzt aufgerufen am 20.2.2023).

187 Vgl. https://www.peta.de/themen/tierseuchen/ (zuletzt aufgerufen am 20.2.2023).

Vor diesem Hintergrund ist bedeutsam, dass das Fremdpersonalverbot – wie ausgeführt – eine verbesserte Einhaltung des Arbeitsschutzes und der Arbeitssicherheit, namentlich der im Schlacht-, Zerlegungs- und Verarbeitungsbetrieb vorgeschriebenen Hygienevorschriften, ermöglicht und demgemäß zum Schutz der Bevölkerung vor lebensgefährlichen Infektionskrankheiten durch Zoonosen beiträgt. Die Einhaltung der Hygienevorschriften und allgemeiner eines fach- und sachgerechten Umgangs mit lebenden und toten Tieren bei der Schlachtung, Zerlegung und Verarbeitung wird durch eine höhere Stabilität der Belegschaft mit tendenziell größerer Erfahrung mindestens tendenziell gefördert. Zudem ist eine fachliche Schulung der Mitarbeiter/-innen für den/die Arbeitgeber/-in attraktiver bzw. überhaupt erst möglich, wenn die Mitarbeiter/-innenschaft eine gewisse Stabilität aufweist. Wenn Arbeitnehmer/-innen dagegen, wie wohl in einer der Verfassungsbeschwerden berichtet, zwischen Fleisch- und Käsewirtschaft pendeln, sind entsprechende Schulungen wenig realistisch und wären im Übrigen kaum fruchtbar. Jenseits von Schulungen ist die beständige Arbeit in einem Unternehmen (oder jedenfalls einer Branche; statt Fleisch und Käse) schon ob dieser Regelmäßigkeit mit gegenüber temporär Beschäftigten erhöhten Kenntnissen der betrieblichen Abläufe und Umstände und ggfs. (hygiene- und infektionsrelevanten) Gefahrenquellen verbunden. Schließlich geht mit der gesicherten bzw. dauerhaften Unternehmenszugehörigkeit typischerweise ein erhöhtes Verantwortungsgefühl bzw. eine erhöhte Umsicht im Hinblick auf die eigenen Arbeitsbeiträge bzw. den eigenen Arbeitsplatz einher.

All dies streitet gerade an einem zoonoseanfälligen Arbeitsplatz im Sinne der Gesundheitsprävention für eine erhöhte Stabilität der Belegschaft und mithin für ein Fremdpersonalverbot.

(f) Soziale Integration statt Herkunftsenklaven

Wie geschildert war die Situation in der Fleischindustrie vor Inkrafttreten des Fremdpersonalverbots dadurch gekennzeichnet, dass in der Belegschaft eine hohe Fluktuation herrschte und die Wohnbedingungen durch Sammelunterkünfte mit einer ebenfalls hohen personellen Fluktuation geprägt waren. Es bestanden mithin personell ständig wechselnde „Herkunftsenklaven",[188] welche jenseits der schlechten Wohnbedingungen die Möglichkeit einer sozialen (und familiären) Integration der Belegschaft am Arbeitsort oder besser den Arbeitsorten nahezu gänzlich ausschloss. Die Situation ist nicht nur aus der Perspektive der betroffenen Arbeitnehmer/-innen zu beklagen, sondern auch im Hinblick auf die deutsche Aufnahmegesellschaft wenig befriedigend. Insoweit

---

[188] Damit sei nicht gesagt, dass die Belegung in den Unterkünften hinsichtlich der Staatsangehörigkeit gänzlich homogen war.

ist Integration zuallererst als in vielerlei Hinsicht befriedender Selbstzweck angesprochen.

bb) Erforderlichkeit des Grundrechtseingriffs

(1) Erforderlichkeit des Fremdpersonalverbots

Ein gegenüber der mit dem Fremdpersonalverbot bewirkten Grundrechtsbeeinträchtigung milderes, aber im Hinblick auf die Förderung bzw. den verbesserten Schutz aller geschilderten legitimen Zwecke gleich geeignetes Mittel ist nicht ersichtlich. Insbesondere muss(te) der Gesetzgeber nicht auf noch intensivere Kontrollen und Sanktionen[189] zur Eindämmung der geschilderten Rechtsverstöße setzen.[190] Denn erstens hat die verschiedentliche Intensivierung der Kontrollen in der Fleischindustrie in der Vergangenheit keine signifikante Verbesserung der Situation mit sich gebracht, was ausweislich der Gesetzesbegründung auch der resignierte Gesetzgeber konstatiert und demzufolge für das Fremdpersonalverbot optiert hat.[191] Zweitens stößt das legitimerweise und insbesondere von Verfassungs wegen erwartbare Maß der Bekämpfung von Rechtsverstößen durch staatliche Kontrolle an Grenzen der Zumutbarkeit resp. Leistungsfähigkeit des Staates. So hat das Bundesverfassungsgericht jüngst (Bundesnotbremse) nochmals darauf hingewiesen, dass den Gesetzgeber keine Pflicht resp. Obliegenheit zu unbegrenzten Kontrollverstärkungen trifft.[192] Die Zumutbarkeitsgrenze ist vorliegend zudem schon deswegen erreicht, weil die Durchführung überraschender Kontrollen schwierig ist, handelt es sich doch überwiegend um Hygienebereiche, die nicht ad hoc betreten werden dürfen. Effektive Kontrollen erforderten mithin eine (weitgehende) Daueranwesenheit von Kontrollpersonal vor Ort, damit der Rechtsverstoß für die Kontrollbehörden wahrnehmbar wird. Das ist der Sache nach aber keine Kontrolle mehr, sondern Prävention im Sinne einer Dauerüberwachung. Folgerichtig hat das Bundesverfassungsgericht etwa im Kontext der Bundesnotbremse gleichermaßen flächendeckende Kontrollen nicht als milderes Mittel im Vergleich zu einer Ausgangsbeschränkung angesehen.[193] Ganz abgesehen davon würde die dauerhafte Anwesenheit von Kontrollbehörden für die im Betrieb tätigen Arbeitnehmer/-innen eine unzumutbare Dauerüberwachung bedeuten.

---

189 Dessen unbeschadet werden die mit dem Fremdarbeitsverbot verfolgten Ziele im Arbeitsschutzkontrollgesetz quasi komplementär durch eine Ausweitung der Kontrollhäufigkeit und der Kontrollbefugnisse der Behörden gefördert, vgl. dazu BT-Drs. 19/21978, 4 f., 25 f.

190 So aber *Bayreuther*, NZA 2020, 773, 775 f.; *Boemke u.a.*, NZA 2020, 1160, 1164; *Brors*, in: Schüren/Hamann, Einl. Rn. 108c.

191 Vgl. BT-Drs. 19/21978, 5, 26.

192 BVerfG 19.11.2021 – 1 BvR 781/21 u.a., NJW 2022, 139, Rn. 285.

193 BVerfG 19.11.2021 – 1 BvR 781/21 u.a., NJW 2022, 139, Rn. 285.

Es ist ferner zu betonen, dass verschiedene vorausgegangene mildere Maßnahmen wie Selbstverpflichtungen der Branche, die Einbeziehung in das Arbeit-
nehmerentsendegesetz[194] und die Schaffung des GSA Fleisch[195] nicht die er-
hofften Erfolge brachten.[196] Der Gesetzgeber hat zwar eine erweiterte General-
unternehmerhaftung als milderes Mittel erwogen,[197] am Ende aber verworfen,
weil eine solche die Folgen des Auseinanderfallens von Steuerung der Betriebsabläufe und rechtlicher Verantwortlichkeit erkennbar nicht hinreichend besei-
tigen könnte.[198]

(2) Erforderlichkeit des Verbots der Arbeitnehmerüberlassung im Besonderen

Weiter mag man fragen, ob auch das Verbot der Arbeitnehmerüberlassung erforderlich ist oder ob bereits die Unterbindung von Werkverträgen gleich geeignet zur Zielerreichung ist. Dass gleiche Eignung im Hinblick auf Infek-
tions- und Zoonosegefahren sowie bzgl. des Integrationsanliegens zu verneinen ist, bedarf keiner weiterer Erläuterung. Nichtsdestotrotz soll hier untersucht werden, ob die Erforderlichkeit des umfassenden Fremdpersonalverbots
auch bzgl. der Gewährleistung der Arbeitssicherheit und zur Sicherung des Arbeitsschutzrechts zu bejahen ist.

Bei der Leiharbeit ergibt sich eine gespaltene Arbeitgeber/-innenstellung. Der/
die Verleiher/-in als Vertragspartner/-in ist Arbeitgeber/-in mit allen Rechten
und Pflichten aus dem Arbeitsverhältnis. Allerdings kann der/die Entleiher/-in
das Weisungsrecht eigennützig ausüben. Dieser partiellen Fremdbestimmung
auch durch den/die Entleiher/-in tragen vor allem die §§ 11 Abs. 5 ff., 13a, 14
Abs. 2 ff. AÜG Rechnung. Insbesondere regelt § 11 Abs. 6 S. 1 AÜG die arbeitsschutzrechtliche Verantwortung des Entleihers/der Entleiherin. Daraus wird
vereinzelt abgeleitet, dass die Gefährdungslage für Arbeitnehmer/-innenrech-
te, die das Direktanstellungsgebot rechtfertigt, im Falle der Leiharbeit nicht gegeben sei.[199] Das überzeugt aber nicht. Zunächst beschränkt sich die Regelung
des § 11 Abs. 6 S. 1 AÜG allein auf die Einhaltung des Arbeitsschutzrechts. Zudem wird der/die Entleiher/-in dadurch nicht allein verantwortlich (vgl. § 12
Abs. 2 ArbSchG). Vielmehr bleiben Ver- und Entleiher/-in gemeinsam in der
Pflicht. Der/die Verleiher/-in bleibt etwa auch für arbeitsmedizinische Vorsorge zuständig.[200] Ver- und Entleiher/-in unterliegen der Zusammenarbeits-

---

194 G v. 24.5.2014, BGBl. I 538.
195 Art. 30 des G v. 17.7.2017, BGBl. I 2541.
196 Dazu BT-Drs. 19/21978, 22.
197 Vgl. auch *Bayreuther*, NZA 2020, 773, 775.
198 BT-Drs. 19/21978, 38.
199 *Boemke u.a.*, NZA 2020, 1160, 1163.
200 *Schüren*, in: Schüren/Hamann, § 11 Rn. 195.

pflicht nach § 8 ArbSchG,[201] die in den Betrieben der Fleischwirtschaft aber bislang nicht effektiv gewirkt hat. Die Direktanstellung führt hingegen zu einer systematischeren Wahrnehmung des Arbeitsschutzes durch den/die allein Verantwortliche/-n.[202] Gefährdungen des Arbeitsschutzes durch den Einsatz von Fremdpersonal (Informationsdefizite, Abstimmungsprobleme, Gefährdungen in Kooperationsbeziehungen) bleiben auch in der Konstellation des Verleihs von Arbeitskräften relevant.

Was das Arbeitszeitrecht angeht, kann der/die Entleiher/-in zudem nicht immer sicher gewährleisten, dass dieses eingehalten wird, etwa wenn Leiharbeitnehmer/-innen im Anschluss an ihren Einsatz bei einem/einer weiteren Entleiher/-in tätig werden. Gerade dies aber war in der Vergangenheit ein Schwerpunkt der Verstöße gegen das Arbeitsschutzrecht.[203]

Der Gesetzgeber hat zudem offenbar nicht auf die Rechtstreue von Verleiher/-innen und Entleiher/-innen vertrauen mögen,[204] zumal es sich bei der Fleischwirtschaft in den Zeiten vor der Konzentration der Großbetriebe auf Werk- und Dienstvertragskonstruktionen um einen Schwerpunkt illegaler Arbeitnehmerüberlassung gehandelt hat[205]. Wie gezeigt, haben vom Gesetz betroffene Unternehmen der Fleischwirtschaft zumindest entsprechend § 8 ArbSchG mit den Einsatzunternehmen zusammenzuarbeiten und sich zu vergewissern, dass das Fremdpersonal angemessene Anweisungen erhalten hat. Tatsächlich aber gab es weder Hinweise darauf, dass die Auftragnehmer/-innenunternehmen auf Missstände hingewiesen wurden, noch wurden Zustände wie etwa unsachgemäße Lagerung von Gefahrgut oder Versperrung von Notausgängen verhindert. Im Übrigen hatte es bereits am 21. September 2015 eine Selbstverpflichtung einiger großer Unternehmen der Schlachtindustrie gegeben, die in Hinsicht auf die Gewährleistung der arbeitsrechtlichen Verantwortung eine Überführung des Personals in eine in Deutschland sozialversicherte Beschäftigung und eine Verpflichtung der Vertragspartner/-innen auf Einhaltung der Arbeitnehmer/-innenrechte vorsah.[206] Tatsächlich führte diese Selbstverpflichtung aber nicht zu einer Verbesserung der Zustände. Vor diesem Hintergrund durfte der Gesetzgeber davon ausgehen, dass eine bloße rechtliche Verpflichtung,

---

201 *Julius*, Arbeitsschutz und Fremdfirmenbeschäftigung, 121 ff.
202 Ähnlich *Polzin*, RdA 2021, 84, 87.
203 BT-Drs. 19/21978, 2.
204 Vgl. BT-Drs. 19/21978, 39.
205 Neunter Bericht der Bundesregierung über Erfahrungen bei der Anwendung des Arbeitnehmerüberlassungsgesetzes – AÜG – sowie über die Auswirkungen des Gesetzes zur Bekämpfung der illegalen Beschäftigung – BillBG v. 4.10.2000, BT-Drs. 14/4220, 33, 36.
206 Vgl. https://www.bmwi.de/Redaktion/DE/Downloads/S-T/standortoffensive-fleischwirtschaft-selbstverpflichtung-attraktive-arbeitsbedingungen.pdf?__blob=publicationFile&v=1 (zuletzt aufgerufen am 20.2.2023).

bestimmte arbeitsrechtliche Regelungen einzuhalten, wie sie etwa in § 11 Abs. 6 AÜG vorgesehen ist, nicht zu einer tatsächlichen Änderung der Zustände führt. Vielmehr musste der Gesetzgeber befürchten, dass bei fortbestehender Zulässigkeit der Arbeitnehmerüberlassung in der Fleischwirtschaft eine Ausweichbewegung vom Einsatz von Fremdunternehmen mit Erfüllungsgehilf/-innen in Richtung des Einsatzes von Leiharbeit erfolgt,[207] ohne dass die angestrebte Verbesserung bei der Durchsetzung von Arbeitnehmer/-innenrechten eintritt. Eben dies ist offenbar auch in der Transitionsphase um den Jahreswechsel 2020/21 geschehen, wie aus Berichten des Projektes Faire Mobilität folgt.[208] Dies gilt zumal deshalb, weil zu befürchten war, dass die bisherigen Auftragnehmer/-innenunternehmen künftig die Leiharbeitnehmer/-innen in weiten Teilen dieses Geschäftsfeldes organisieren würden. Immerhin hatten die meisten Werkvertragsunternehmen bereits Überlassungserlaubnisse nach dem Arbeitnehmerüberlassungsgesetz.[209] Vor diesem Hintergrund war auch ein fortgesetzter Einsatz von Leiharbeiter/-innen gerade auch aus dem Ausland mit Sprachbarrieren zu erwarten. Dass diese ihre Rechte nach § 11 Abs. 6 Arbeitnehmerüberlassungsgesetz, aber auch ihre sonstigen Rechte durchsetzen würden, war hingegen nicht zu erwarten.[210] Anders als in „klassischen" Fallgestaltungen, in denen bei Scheinwerkverträgen verdeckte Arbeitnehmerüberlassung erfolgt, würde hier unter dem Label „Arbeitnehmerüberlassung" der Einsatz von Fremdpersonal tatsächlich ohne Inanspruchnahme von Weisungsbefugnissen erfolgen, weil die Betriebsleitung effektiv auch ohne Weisungsrecht erfolgen kann.

Die spätere Entwicklung scheint die Berechtigung dieser Befürchtung zu bestätigen. So wird berichtet, dass die ehemaligen Subunternehmer/-innen unter Geltung des Leiharbeitsverbots in die Arbeitskräftevermittlung gewechselt und zugleich Onsite-Management-Leistungen erbracht hätten.[211] Das kommt Leiharbeit sehr nahe. Anders als bei der Leiharbeit ist in solchen Fällen allerdings der/die Unternehmer/-in arbeitsrechtlich uneingeschränkt verantwortlich.

cc) Verhältnismäßigkeit i.e.S./Übermaßverbot
Im Hinblick auf die Verhältnismäßigkeit i.e.S. kann an dieser Stelle an die ausführlichen Ausführungen zum diesbezüglichen Prüfungs- resp. Abwägungsmaßstab sowie die mit dem Fremdpersonalverbot geförderten verschiedenen le-

---

207 Entwurfsbegr., BT-Drs. 19/21978, 18, 39; *Däubler*, NZA 2021, 86, 90; zust. *Polzin*, RdA 2021, 84, 87.
208 *Sepsi/Szot*, Das Arbeitsschutzkontrollgesetz in der Praxis, S. 5; *Babet-Täuber/Suciu/Witoszek*, „Die Fleischbetriebe sind jetzt direkt verantwortlich und nicht mehr irgendwelche Subunternehmer", in: DGB (Hrsg.), Ein wirksamer Schritt, Ein Jahr Arbeitsschutzkontrollgesetz in der Fleischindustrie – eine erste Bilanz, 12.
209 *Uhl/Bernhard/Sepsi/Specht*, Willkommen im neuen Fleischindustriezeitalter!?, 321, 327.
210 BT-Drs. 19/21978, 39.
211 *Sepsi/Szot*, Das Arbeitsschutzkontrollgesetz in der Praxis, 5.

gitimen Zwecke angeknüpft werden. Oben wurde zunächst in Anlehnung an das Bundesverfassungsgericht der Abwägungsmaßstab entfaltet, welcher gerade für den vorliegenden Kontext am sachgerechtesten als Übermaßverbot etikettiert werden kann. Nur wenn der Eingriff in das Grundrecht im Verhältnis zu dem mit dem Eingriff geförderten legitimen Zweck als übermäßig zu qualifizieren ist, führt dies zu seiner Einstufung als verfassungswidrige Grundrechtsverletzung. Ruft man sich vor diesem Hintergrund die zuvor beschriebenen zahlreichen legitimen Zwecke (von teils überragendem Gewicht) in Erinnerung, kommt eine solche Qualifizierung nicht ernsthaft in Betracht. Und eines ist noch hinzuzufügen: Im Spätsommer 2020 haben die Unternehmen der Fleischindustrie angekündigt, künftig auf Werkverträge zu verzichten.[212] Gegen den mithin beabsichtigten Verzicht der Fleischindustrie auf weitere (privatautonome) Vertragsabschlüsse mit den Werkvertragsunternehmen hätten sich diese ohnehin nicht wehren können, insbesondere nicht unter Rekurs auf ihre Grundrechte. Das Fremdpersonalverbot hat insofern die angekündigte Änderung der Vertragsschluss- und Personalpolitik der Fleischindustrie durch zwingendes Recht abgesichert. Der Eingriff für die Werkvertragsunternehmen (und die Unternehmen der Fleischindustrie sowie die betroffenen Arbeitnehmer/-innen) wirkt deswegen noch weniger intensiv, war die Chance auf entsprechende Vertragsschlüsse doch ab dem genannten Zeitpunkt eher theoretischer Natur. Hinzu kommt, dass der Einsatz von Fremdpersonal entsprechend den obigen Ausführungen in den von dem Verbot nicht erfassten Bereichen außerhalb Schlachtung, Zerlegung und Fleischverarbeitung weiterhin möglich ist.

2.   Art. 3 Abs. 1 GG

Weiter ist zu untersuchen, ob das branchenbezogene Fremdpersonalverbot die betroffenen Werkvertragsunternehmer/-innen bzw. Unternehmen der Verleihbranche in ihrem Grundrecht aus Art. 3 Abs. 1 GG verletzt. Vorgetragen wird insoweit vor allem ein Gleichheitsverstoß im Hinblick auf die Andersbehandlung anderer Branchen, namentlich das Logistikgewerbe, Pflegekräfte, andere Zweige der Nahrungsmittelbranche sowie Erntehelfer/-innen als Branchen bzw. Tätigkeiten, in denen der Einsatz von Fremdpersonal (Werkverträge und Leiharbeit) erlaubt ist.

a)   Relevante Ungleichbehandlung

Am Vorliegen einer i.S.v. Art. 3 Abs. 1 GG relevanten und mithin rechtfertigungsbedürftigen Ungleichbehandlung im Vergleich zum erlaubten Fremdpersonaleinsatz in den genannten Branchen kann vorliegend kein Zweifel bestehen. Das gilt auch im Hinblick auf die betroffenen Werkvertragsunterneh-

---

212 Mitgeteilt bei *Birke*, Sozial.Geschichte Online 29 (2021), 41, 66.

men und Unternehmen der Verleihbranche. Insofern kommt es nicht darauf an, ob insoweit eine Ungleichbehandlung verschiedener Personengruppen (Werkvertragsunternehmen und Unternehmen der Fleischbranche gegenüber Werkvertragsunternehmen und Verleihunternehmen in den anderen genannten Branchen) oder „nur" unterschiedlicher Sachverhalte (Werkverträge und Verleih in der Fleischindustrie gegenüber Werkverträgen und Verleih in anderen Branchen) vorliegt.

b)   Rechtfertigung der Ungleichbehandlung

Es stellt sich also die Frage, ob die beschriebene unterschiedliche Behandlung verfassungsrechtlich gerechtfertigt werden kann.

aa)   Maßstab

Insoweit werden verbreitet zwei unterschiedliche Rechtfertigungsmaßstäbe, nämlich die „Willkürformel" und die (gar nicht mehr so neue) sog. „Neue Formel", verfochten. Nach ersterer bedarf es für die Rechtfertigung lediglich irgendeines sachlichen Grundes;[213] nach der „Neuen Formel" ist Art. 3 Abs. 1 GG dagegen verletzt, wenn zwischen zwei von der Rechtsordnung unterschiedlich behandelten Gruppen keine Unterschiede von solcher Art und solchem Gewicht bestehen, dass sie die ungleiche Behandlung rechtfertigen könnten. Mithin stellt sich die Frage, wann die eine und wann die andere Formel anwendbar ist.[214] Indessen hat das Bundesverfassungsgericht mittlerweile judiziert, dass sich die Maßstäbe nicht (mehr) dichotomisch gegenüberstehen. Vielmehr gilt „ein stufenloser am Grundsatz der Verhältnismäßigkeit orientierter verfassungsrechtlicher Prüfungsmaßstab, dessen Inhalt und Grenzen sich nicht abstrakt, sondern nur nach den jeweils betroffenen unterschiedlichen Sach- und Regelungsbereichen bestimmen lassen. Die Ungleichbehandlung bedarf „stets der Rechtfertigung durch Sachgründe, die dem Differenzierungsziel und dem Ausmaß der Ungleichbehandlung angemessen sind."[215] Demgemäß wird nachfolgend geprüft, ob das branchenselektive Fremdpersonalverbot in Gegenüberstellung zu den anderen genannten Branchen durch Sachgründe, die dem Differenzierungsziel und dem Ausmaß der Ungleichbehandlung angemessen sind, gerechtfertigt ist.

bb)   Rechtfertigungsgründe

Hier wird nicht der Anspruch erhoben, auf alle (signifikanten) Unterschiede zwischen der Fleischindustrie und den genannten Vergleichsbranchen einzu-

---

213 *Classen*, Staatsrecht II Grundrechte, § 17 Rn. 24; *Ipsen*, Staatsrecht II Grundrechte, Rn. 808; *Englisch*, in: Stern/Becker, Art. 3 Rn. 11; *Kirchhof*, in: DHS GG, Art. 3 Abs. 1 Rn. 433; *Krieger*, in: SHH GG, Art. 3 Rn. 30; *Kischel*, in: BeckOK GG, Art. 3 Rn. 24.

214 Vgl. dazu *Classen*, Staatsrecht II Grundrechte, § 17 Rn. 24; *Englisch*, in: Stern/Becker, Art. 3 Rn. 14; *Krieger*, in: SHH GG, Art. 3 Rn. 32; *Kischel*, in: BeckOK GG, Art, 3 Rn. 31.

215 BVerfGE 135, 126, 143; *Kingreen/Poscher*, Grundrechte Staatsrecht II, Rn. 527 ff.

gehen. Dies ist – das sei vorweggenommen – angesichts des nachfolgend gefunden Ergebnisses aber auch nicht erforderlich.[216]

(1) Umfang der Arbeitsunfälle und (Arbeits)rechtsverstöße

Ein gewichtiger quantitativer Unterschied liegt jedenfalls in der gegenüber anderen Branchen hohen Zahl der dokumentierten Arbeitsunfälle. Auffällig ist in diesem Zusammenhang nicht zuletzt, dass in der werkvertragsdominierten Fleischindustrie im Vergleich zu anderen Zweigen der Nahrungsmittelbranche und des Gastgewerbes doppelt so viele Arbeitsunfälle zu beklagen sind. Vor diesem Hintergrund ist die beschriebene Notwendigkeit konzentrierter Verantwortlichkeit in Verbindung mit einer stabilen Belegschaft mehr als in anderen Branchen erforderlich, um die Zahl der Arbeitsunfälle (signifikant) zu reduzieren. Neben der hohen Zahl der Arbeitsunfälle sind die befundeten (Arbeits)rechtsverstöße in der Fleischindustrie in ihrem Umfang – soweit bekannt – ohne Beispiel.

Schon diese quantitativen Unterschiede sind nach Art und vor allem Umfang geeignet, die unterschiedliche Behandlung zu rechtfertigen.

(2) Zoonose und Gesundheitsprävention

Ein weiterer offenkundiger Unterschied zwischen der Fleischindustrie und den genannten Vergleichsbranchen liegt in der Anfälligkeit der Tätigkeit für die Herbeiführung von Infektionskrankheiten durch Zoonosen. Auch dieser qualitative Unterschied ist geeignet, die unterschiedliche Behandlung nach Maßgabe der sog. „Neuen Formel" bzw. einer gleitenden verhältnismäßigkeitsgeprägten Formel zu rechtfertigen.

III. Verletzung der Grundrechte der Unternehmen der Fleischindustrie

Das Direktanstellungsgebot greift in die Berufsfreiheit der Unternehmen der Fleischindustrie ein, weil es diese zwingt, im Bereich der Schlachtung, Zerlegung und Fleischverarbeitung auf Outsourcing zu verzichten und den Betrieb als Inhaber/-innenbetrieb mit eigenem Personal zu führen. Das Ergreifen des Berufs bleibt zwar möglich. Es wird aber in die Art und Weise der Berufsausübung eingegriffen. Damit verbunden ist jenseits der entfallenen Freiheit zur

---

[216] Nur am Rande sei angemerkt, dass aus dem Befund einer nicht zu rechtfertigenden Ungleichbehandlung keineswegs folgte, dass das Fremdpersonalverbot in der Fleischwirtschaft unzulässig wäre. Vielmehr könnte die Ungleichbehandlung auch dadurch behoben werden, dass der Gesetzgeber in anderen Branchen entsprechende Maßnahmen zur Beseitigung der Missstände ergreift.

Entscheidung über die „Beschäftigung" von Fremd- oder Eigenpersonal die beschriebene Pflicht zur Gewährleistung der verschiedenen arbeitsrechtlichen Regeln als Betriebsinhaber/-in. Jenseits dieser zusätzlichen – eben soweit sie über die schon zuvor nach den §§ 8 ArbSchG und 11 Abs. 6 AÜG bestehenden Pflichten des/der Auftraggebers/Auftraggeberin bzw. Entleihers/Entleiherin hinausgehen – administrativen Lasten mag damit faktisch zwingend die finanzwirksame Einstellung zusätzlichen Personals in Vorgesetztenfunktion verbunden sein. Dies alles geschah freilich angesichts der geschilderten Rechtsverletzungen durch die Vertragspartner/-innen der Unternehmen der Fleischindustrie in der Vergangenheit vor dem Hintergrund eines eben für Rechtsverletzungen strukturell anfälligen (kostensensiblen) Marktes. Jedenfalls bleibt der Eingriff in die Berufsausübung der Unternehmen der Fleischindustrie durch zusätzliche administrative und finanzielle Lasten in seiner Intensität hinter dem Eingriff in die Berufsausübung der betroffenen Werkvertrags- und Leiharbeitsunternehmen zurück. Angesichts dessen erweist sich das Fremdanstellungsverbot als zur Erreichung der oben[217] genannten legitimen Ziele nicht nur geeignet und erforderlich, sondern erst recht als angemessen. Schließlich wird diese Einschätzung durch die im Spätsommer 2020 erfolgte Ankündigung der Unternehmen der Fleischindustrie eines Verzichts auf Werkverträge[218] unterstrichen. Dies zeigt im Übrigen, dass die Unternehmen der Fleischindustrie wegen des Verzichts auf Fremdpersonal und mithin auch ob eines gesetzlichen Fremdpersonalverbots keine Betriebseinschränkungen befürchteten. Und dies war auch höchst plausibel, denn die Arbeitnehmer/-innen der Werk- und Dienstvertragsunternehmen und (in geringerem Umfang) die Leiharbeitnehmer/-innen suchen mutmaßlich ihrerseits nach einem Ende des vorgängigen Geschäftsmodells als arbeitsuchende Arbeitskräfte nach einer entsprechenden Beschäftigung. Und die Entwicklung nach Inkrafttreten des Fremdpersonalverbots bestätigt diese Einschätzung; jedenfalls ist nicht bekannt geworden, dass die Unternehmen der Fleischindustrie am Markt Rekrutierungsprobleme hatten. Vielmehr wurde in vielen Fällen Fremdpersonal im Wege des Betriebsübergangs nach § 613a BGB übernommen.

IV. Verletzung der Grundrechte der Arbeitnehmer/-innen

Für die Arbeitskräfte der bisherigen Auftragnehmer/-innenunternehmen ergibt sich ein Eingriff in deren Berufsfreiheit durch eine Bestandsgefährdung ih-

---

217 Siehe C. II. 1. b) aa).
218 Mitgeteilt bei *Birke*, Sozial.Geschichte Online 29 (2021), 41, 66.

rer Arbeitsverträge, soweit ihre bisherigen Arbeitgeber/-innen das Geschäftsfeld einstellen und keine entsprechenden Anschlussbeschäftigungen anbieten
(können). Die Eingriffswirkung wird nicht schon dadurch beseitigt, dass ob
des Fremdpersonalverbots – woran auch der im Spätsommer 2020 verkündete
Verzicht der Unternehmen der Fleischindustrie auf Fremdpersonal nichts
ändert – eine anschließende Direktbeschäftigung bei den Unternehmen der
Fleischindustrie als regelmäßig leicht realisierbar erscheint.[219] Im Hinblick auf
Art. 12 Abs. 1 GG vermag diese (sehr) realistische (Nachfolge)option – zumal
angesichts der in der Praxis regelmäßig erfolgenden Anerkennung der Vorbe-
schäftigungszeiten – aber die Intensität des Eingriffs signifikant zu mildern.
Zudem dient das Fremdpersonalverbot – wie geschildert – gerade der Durchsetzung bzw. der Stärkung der Rechte der betroffenen Arbeitnehmer/-innen,
so dass der ohnehin wenig intensive Eingriff ob des damit intendierten und
mutmaßlich verbundenen Schutzes der Interessen und Rechte der betroffenen
Arbeitskräfte erst recht als verhältnismäßig i.e.S. zu qualifizieren ist.

---

219 BVerfG 29.12.2020 – 1 BvQ 152/20 u.a., NZA 2021, 120, Rn. 33; vgl. auch *Däubler*, NZA 2021, 86, 89,
    unter Hinweis auf Agrar heute: https://www.agrarheute.com/tier/diese-schlachtunternehmen-verzich-
    ten-werkvertraege-570629.

D. Fazit

§ 6a Abs. 2 und 3 GSA Fleisch in der seit dem 1. April 2021 geltenden Fassung ist mit dem Grundgesetz vereinbar und verstößt insbesondere nicht gegen Art. 12 Abs. 1 GG und Art. 3 Abs. 1 GG. Insoweit wurde insbesondere gezeigt, dass das in der Norm verankerte Fremdpersonalverbot sich auf eine Vielzahl von legitimen Rechtfertigungsgründen stützen kann und dem Gesetzgeber namentlich bei der Gestaltung der Wirtschafts- und Sozialordnung nicht zuletzt im grundrechtlichen Kontext eine weitgehende Einschätzungsprärogative zusteht. Diese weite Einschätzungsprärogative ist sowohl in der Rechtsprechung des Bundesverfassungsgerichts nachweisbar, als auch im Lichte der demokratieprinzipbasierten Verfasstheit unseres Staatswesens unabweisbar. Bzgl. der Rechtfertigung eines umfassenden Fremdpersonalverbots wurde vor allem im Kontext der Erforderlichkeitsprüfung verdeutlicht, dass ein bloßes Werkvertragsverbot zur Zielerreichung nicht ausreicht, sondern wegen des notwendigen Gleichlaufs von Verantwortung und Verantwortlichkeit zur Vermeidung von Umgehungen zudem ein Verbot der Leiharbeit zur Zielerreichung angezeigt ist.

Literaturverzeichnis

Alexy, Robert: Theorie der Grundrechte, Baden-Baden 1995.

Andorfer, Christian/Tsankova-Herrtwich, Tseja: Fremdpersonaleinsatz in der Fleischwirtschaft – kein effektiver Rechtsschutz, in: Neue Zeitschrift für Arbeitsrecht Rechtssprechungs-Report 2022, 393–397 [zit.: *Andorfer/Tsankova-Herrtwich*, NZA-RR 2022].

Anzinger, Rudolf/Koberski, Wolfgang: ArbZG Arbeitszeitgsetz, 5. Auflage, Frankfurt/M. 2020 [zit.: *Anzinger/Koberski*, ArbZG, § Rn.].

von Arnim, Hans Herbert: Staatslehre der Bundesrepublik Deutschland, München 1984.

Babet-Täuber, Anna-Maria/Suciu, Mihai/Witoszek, Katarzyna: Die Fleischbetriebe sind jetzt direkt verantwortlich und nicht mehr irgendwelche Subunternehmer, in: DGB (Hrsg.), Ein wirksamer Schritt, Ein Jahr Arbeitsschutzkontrollgesetz in der Fleischindustrie – eine erste Bilanz, Berlin 2022, 12–15.

Bayreuther, Frank: Verbot von Werkverträgen und Arbeitnehmerüberlassung in der Fleischwirtschaft, in: Neue Zeitschrift für Arbeitsrecht 2020, 773–776 [zit.: *Bayreuther*, NZA 2020].

Becker, Karina/Engel, Thomas: Reduziertes Schutzniveau jenseits der Normalarbeit, in: WSI-Mitteilungen, 2015, 178–186 [zit.: *Becker/Engel*, WSI-Mitt. 2015].

Benda, Ernst: Grundrechtswidrige Gesetze, ein Beitrag zu den Ursachen verfassungsgerichtlicher Beanstandung, Baden-Baden 1979.

Bernd, Werner: Legislative Prognosen und Nachbesserungspflichten, Diss-iur. Mainz 1989.

Birke, Peter: Die Fleischindustrie in der Coronakrise: Eine Studie zu Migration, Arbeit und multipler Prekarität, in: Sozial.Geschichte Online 29 (2021), 41–88 [zit.: *Birke*, Sozial.Geschichte Online 29 (2021)].

Birke, Peter/Bluhm, Felix: Der Skandal und die Folgen, Perspektiven der Abschaffung von Werkverträgen und Leiharbeit in der Fleischindustrie, in: WSI-Mitteilungen 2020, 501–507 [zit.: *Birke/Bluhm*, WSI-Mitt. 2020].

Bluhm, Felix/Birke, Peter/Stieber, Thomas: Hinter den Kulissen des Erfolgs. Eine qualitative Untersuchung zu Ausbildung und Erwerbsarbeit von Geflüchteten, in: SOFI Working Paper 2020–21, Göttingen 2020 [zit.: *Bluhm/Birke/Stieber*, SOFI Working Paper 2021–21].

Boecken, Winfried/Düwell, Franz Josef/Diller, Martin/Hanau, Hans (Hrsg.): Gesamtes Arbeitsrecht, 1. Auflage, Baden-Baden 2016 [zit.: *Bearbeiter*, in: BDDH, Bd. § Rn.].

Böckenförde, Ernst-Wolfgang: Grundrechte als Grundsatznormen, Zur gegenwärtigen Lage der Grundrechtsdogmatik, in: Der Staat 29 (1990), 1–31 [zit.: *Böckenförde*, Der Staat 29 (1990)].

Boemke, Burkhard/Düwell, Franz-Josef/Greiner, Stefan/Hamann, Wolfgang/Kalb, Heinz-Jürgen/Kock, Martin/Mengel, Anja/Motz, Guido/Schüren, Peter/Thüsing, Gregor/Wank, Rolf: Das Verbot der Arbeitnehmerüberlassung in der Fleischwirtschaft, Arbeitsschutzkontrollgesetz: Der falsche Weg zum richtigen Ziel, in: Neue Zeitschrift für Arbeitsrecht 2020, 1160–1166 [zit.: *Boemke u.a.*, NZA 2020].

Borowski, Martin: Grundrechte als Prinzipien, 3. Auflage, Baden-Baden 2018.

Breuer, Rüdiger: Legislative und administrative Prognoseentscheidung, in: Der Staat 16 (1977), 21–54 [zit.: *Breuer*, Der Staat 16 (1977)].

Britz, Gabriele: Kulturelle Rechte und Verfassung, Tübingen 2000.

Bryde, Brun-Otto: Verfassungsentwicklung, Stabilität und Dynamik im Verfassungsrecht der Bundesrepublik Deutschland, Baden-Baden 1982.

Cremer, Wolfram: Freiheitsgrundrechte, Funktionen und Strukturen, Tübingen 2003.

Classen, Claus Dieter: Staatsrecht II, Grundrechte, München 2019.

Dälken, Michaela: Grenzenlos faire Mobilität? – zur Situation von mobilen Beschäftigten aus den mittel- und osteuropäischen Staaten, Berlin 2012.

Däubler, Wolfgang: Arbeitsschutz schafft neues Arbeitsrecht!?, in: Neue Zeitschrift für Arbeitsrecht 2021, 86–91 [zit.: *Däubler*, NZA 2021].

Deinert, Olaf: Zur Zulässigkeit eines Direktanstellungsgebots für Arbeitnehmer in der Fleischindustrie, in: Arbeit und Recht 2020, 344–352 [zit.: *Deinert*, AuR 2020].

Deinert, Olaf: Betriebsverfassung in Zeiten der Globalisierung, in: HSI-Schriftenreihe, Band 38, Frankfurt am Main 2021 [zit.: *Deinert*, Betriebsverfassung in Zeiten der Globalisierung].

Dirnberger, Franz: Grundrechtliche Schutzpflicht und Gestaltungsspielraum – Eine kurze Betrachtung zur Rechtsprechung des Bundesverfassungsgerichts, in: Deutsches Verwaltungsblatt 1992, 879–884 [zit.: *Dirnberger*, DVBl 1992].

Dreier, Horst (Hrsg.): Grundgesetz Kommentar, 3. Auflage, Tübingen 2018 [zit.: *Bearbeiter*, in: Dreier, Bd., Art. Rn.].

Dürig, Günter/Herzog, Roman/Scholz, Rupert: Grundgesetz Kommentar, 99. Lieferung, München 2022 [zit.: *Bearbeiter*, in DHS GG, Art. Rn.].

Epping, Volker/Hillgruber, Christian (Hrsg.): Beck'scher Online-Kommentar Grundgesetz, 53. Edition, München 2023 [zit.: *Bearbeiter*, in: BeckOK, Art. Rn.].

Friauf, Karl-Heinrich/Höfling, Wolfram (Hrsg.): Berliner Kommentar zum Grundgesetz, Berlin 2023 [zit.: *Bearbeiter*, in: BeKo GG, Art. Rn.].

Grabenwarter, Christoph (Hrsg.): Allgemeinheit der Grundrechte und Vielfalt der Gesellschaft, Wien 1994 [zit.: *Bearbeiter*, in: Allgemeinheit der Grundrechte und Vielfalt der Gesellschaft].

Grimm, Dieter: Verfassungsgerichtsbarkeit im demokratischen System, in Juristenzeitung 1976, 697–703 [zit.: *Grimm*, JZ 1976].

Groß, Thomas: Terrorbekämpfung und Grundrechte, Zur Operationalisierung des Verhältnismäßigkeitsgrundsatzes, in: Kritische Justiz 35 (2002), 1–17 [zit.: *Groß*, KJ 35 (2002)].

Guhlemann, Kerstin/Georg, Arno: Prekäre Arbeit, prekärer Schutz, in: Gute Arbeit 3/2020, 8–12 [zit.: *Guhlemann/Georg*, Gute Arbeit 3/2020].

Gusy, Christoph: Das Grundgesetz als normative Gesetzgebungslehre?, in: Zeitschrift für Rechtspolitik 1985, 291–299 [zit.: *Gusy*, ZRP 1985].

Hain, Karl-Eberhard: Der Gesetzgeber in der Klemme zwischen Übermaß- und Untermaßverbot, in: Deutsches Verwaltungsblatt 1993, 982–984 [zit.: *Hain*, DVBl 1993].

Herdegen, Matthias/Masing, Johannes/Poscher, Ralf/Gärditz, Klaus Ferdinand: Handbuch des Verfassungsrechts, München 2021 [zit.: *Bearbeiter*, in: Handbuch des Verfassungsrechts, § Rn.].

Hesse, Konrad: Die verfassungsgerichtliche Kontrolle der Wahrnehmung grundrechtlicher Schutzpflichten des Gesetzgebers, in: Gegenrede, Aufklärung – Kritik – Öffentlichkeit, Festschrift für Ernst Gottfried Mahrenholz, hrsg. v. Herta Däubler-Gmelin u.a., Baden-Baden 1994, S. 541–559 [zit.: Hesse, in: Festschrift für Mahrenholz].

Heun, Werner: Funktionell-rechtliche Schranken der Verfassungsgerichtsbarkeit, Reichweite und Grenzen einer dogmatischen Argumentationsfigur, Baden-Baden 1992.

Hill, Hermann: Einführung in die Gesetzgebungslehre, Heidelberg 1982.

Hill, Hermann (Hrsg.): Zustand und Perspektiven der Gesetzgebung, Vorträge und Diskussionsbeiträge der 56. Staatswissenschaftlichen Fortbildungstagung 1988 der Hochschule für Verwaltungswissenschaften, Speyer. Schriftenreihe der Hochschule Speyer; Band 104, Berlin 1989 [zit.: Bearbeiter, in: Hill, Zustand und Perspektiven der Gesetzgebung].

Hwang, Shu-Perng: Verfassungsgerichtlicher Jurisdiktionsstaat? Eine rechtsvergleichende Analyse zur Kompetenzabgrenzung von Verfassungsgericht und Gesetzgeber in den USA und der Bundesrepublik Deutschland, Berlin 2005.

Ipsen, Jörn: Staatsrecht II Grundrechte, 24. Auflage, München 2021.

Isensee, Josef/Kirchhof, Paul: Handbuch des Staatsrechts, 3. Auflage, Heidelberg 2010 [zit.: *Bearbeiter*: HbdStR, Bd., § Rn.].

Jekewitz, Jürgen: Buchbesprechung zu Grundlagen und Prinzipien des legislatorischen Einleitungsverfahrens nach dem Grundgesetz von Martin Schürmann, in: Der Staat 27 (1988), 631–632 [zit.: *Jekewitz*, Der Staat 27 (1988)].

Julius, Nico: Arbeitsschutz und Fremdfirmenbeschäftigung, Baden-Baden 2004.

Kahl, Wolfgang/Waldhoff, Christian/Walter, Christian: Bonner Kommentar zum Grundgesetz, Heidelberg 2022 [zit.: *Bearbeiter*, in: BoKo GG, Art. Rn.].

Hassemer, Winfried/Neumann, Ulfrid/Saliger, Frank (Hrsg.): Einführung in die Rechtsphilosophie und Rechtstheorie der Gegenwart, 9. Auflage, 2016, Heidelberg 2016 [zit.: *Bearbeiter*, in: Einführung in die Rechtsphilosophie und Rechtstheorie der Gegenwart].

Kingreen, Thorsten/Poscher, Ralf: Grundrechte Staatsrecht II, 36. Auflage 2020, Heidelberg 2020.

Kohte, Wolfhard/Faber, Ulrich/Feldhoff, Kerstin (Hrsg.): Gesamtes Arbeitsschutzrecht Handkommentar, 3. Auflage, Baden-Baden 2022 [zit.: *Bearbeiter*, in: KFF Hk, § Rn.].

Kube, Hanno: Der subjektive Abwehrgehalt der Grundrechte – Zur grundrechtlichen Rüge der Verletzung von Rechten Dritter, in: Deutsches Verwaltungsblatt 2005, 721–727 [zit.: *Kube*, DVBl. 2005].

Laumann, Karl-Josef: Das System ist krank., in: Arbeit und Recht 2020, 341–341 [zit.: *Laumann*, AuR 2020].

Linsenmaier, Wolfgang: Betriebsverfassungsrechtliche Risiken und Nebenwirkungen des § 6a GSA Fleisch, in: Neue Zeitschrift für Arbeitsrecht 2021, 1315–1319 [zit.: *Linsenmaier*, NZA 2021].

Lücke, Jörg: Begründungszwang und Verfassung, Tübingen 1987.

Lücke, Jörg: Die Allgemeine Gesetzgebungsordnung, Zu den verfassungsimmanenten Grundpflichten des Gesetzgebers und der verfassungsrechtlichen Notwendigkeit ihrer gesetzlichen Konkretisierung und Ausgestaltung, in: Zeitschrift für Gesetzgebung 2001, 1–49 [zit.: *Lücke*, ZG 2001].

von Mangoldt, Hermann/Klein, Friedrich/Starck, Christian: Grundgesetz Kommentar, 7. Auflage, München 2018 [zit.: *Bearbeiter*, in: MKS GG, Bd., Art. Rn.].

von Maydell, Bernd (Hrsg.): Probleme sozialpolitischer Gesetzgebung, Sankt-Augustin 1991 [zit.: *Bearbeiter*, in: von Maydell].

Meßerschmidt, Klaus: Gesetzgebungsermessen, Berlin 2000.

von Münch, Ingo/Kunig, Philip: Grundgesetz Kommentar, 7. Auflage, München 2021 [zit.: *Bearbeiter*, in: v. Münch/Kunig, Bd, Art. Rn.].

Otto, Hansjörg: Anmerkung zu BVerfG, 27.1.1998 – 1 BvL 15/87, 1 BvL 22/93, in JuristenZeitung 1998, 848–855 [zit.: *Otto*, JZ 1998].

Pestalozza, Christian: Gesetzgebung im Rechtsstaat, in: Neue Juristische Wochenschrift 1981, 2081–2087 [zit.: *Pestalozza*, NJW 1981].

Pieper, Ralf: Arbeitsschutzrecht, 7. Auflage, Frankfurt am Main 2022 [zit.: *Pieper*, ArbschR, § Rn.].

Polzin, Daniel: Die Regulierung von Werkverträgen und anderen arbeitsbezogenen Unternehmenskooperationen, in: Recht der Arbeit 2021, 84–90 [zit.: *Polzin*, RdA 2021].

Raabe, Marius: Grundrechte und Erkenntnis, Der Einschätzungsspielraum des Gesetzgebers, Baden-Baden 198.

Redeker, Konrad/Karpenstein, Ulrich: Über Nutzen und Notwendigkeiten, Gesetze zu begründen, in: Neue Juristische Wochenschrift 2001, 2825–2831 [zit.: *Redeker/Karpenstein*, NJW 2001].

Sachs, Michael (Hrsg.): Grundgesetz Kommentar, 9. Auflage, München 2021 [zit.: *Bearbeiter*, in: Sachs, Art. Rn.].

Schenke, Wolf-Rüdiger: Der Umfang der bundesverfassungsgerichtlichen Überprüfung, in: Neue Juristische Wochenschrift 1979, 1321–1329 [zit.: *Schenke*, NJW 1979].

Schlaich, Klaus: Die Verfassungsgerichtsbarkeit im Gefüge der Staatsfunktionen, in: Veröffentlichungen der Vereinigung der deutschen Staatsrechtslehrer 1980, 99–144 [zit.: *Schlaich*, in: VVDStRL].

Schlaich, Klaus/Korioth, Stefan: Das Bundesverfassungsgericht, 8. Auflage, München 2010.

Schmidt-Bleibtreu, Bruno/Hofmann, Hans/Henneke, Hans-Günter (Hrsg.): Grundgesetz Kommentar, 15. Auflage, Köln 2021 [zit.: *Bearbeiter*, in: SHH GG, Art. Rn.].

Schneider, Hans-Peter: Verfassungsgerichtsbarkeit und Gewaltenteilung, Zur Funktionsgerechtigkeit von Kontrollmaßstäben und Kontrolldichte verfassungsgerichtlicher Entscheidung, in: Neue Juristische Wochenschrift 1980, 2103–2111 [zit.: *Schneider*, NJW 1980].

Schneider, Hans: Gesetzgebung, 3. Auflage, Heidelberg 2002.

Schulte, Martin: Schlichtes Verwaltungshandeln, Tübingen 1995.

Schulten, Thorsten/Specht, Johannes: Ein Jahr Arbeitsschutzkontrollgesetz, Grundlegender Wandel in der Fleischindustrie?, in: Aus Politik und Zeitgeschichte 51–52/2021, 36–40 [zit.: *Schulten/Specht*, APuZ 51–52/2021].

Schulze-Doll, Christine/Paschke, Christian: Arbeitsschutz für Fremdpersonal im Rahmen von Werkverträgen unter besonderer Berücksichtigung der Mitbestimmungsrechte des Betriebsrats, in: Gesellschaftliche Bewegungen – Recht unter Beobachtung und in Aktion, Festschrift für Wolfhard Kohte, hrsg. v. Ulrich Faber u.a., Baden-Baden 2016, S. 493–512 [zit.: *Schulze-Doll/Paschke*, in: FS Kohte].

Schuppert, Gunnar Folke: Die verfassungsgerichtliche Kontrolle der auswärtigen Gewalt, Baden-Baden 1973.

Schuppert, Gunnar Folke: Funktionell-rechtliche Grenzen der Verfassungsinterpretation, Königstein 1980.

Schüren, Peter/Hamann, Wolfgang (Hrsg.): Arbeitnehmerüberlassungsgesetz, 6. Auflage München 2022 [zit.: *Bearbeiter*, in: Schüren/Hamann, § Rn.].

Schwerdtfeger, Gunther: Optimale Methodik der Gesetzgebung als Verfassungspflicht, in: Hamburg, Deutschland, Europa: Beiträge zum deutschen und europäischen Verfassungs-, Verwaltungs- und Wirtschaftsrecht, Festschrift für Hans Peter Ipsen zum 70. Geburtstag hrsg. v. Rolf Stödter und Werner Thieme, Tübingen 1977, 173–188.

Seetzen, Uwe: Der Prognosespielraum des Gesetzgebers, in: Neue Juristische Wochenschrift 1975, 429–434 [zit.: *Seetzen*, NJW 1975].

Sepsi, Szabolcs/Szot, Anna: Das Arbeitsschutzkontrollgesetz in der Praxis, Eine erste Bilanz aus der Perspektive von Faire Mobilität., in: DGB (Hrsg.) Ein wirksamer Schritt, Ein Jahr Arbeitsschutzkontrollgesetz in der Fleischindustrie – eine erste Bilanz, Berlin 2022, 6–11.

Simons, Cornelius: Grundrechte und Gestaltungsspielraum, Eine rechtsvergleichende Untersuchung zum Prüfungsinstrumentarium von Bundesverfassungsgericht und US-amerikanischem Supreme Court bei der Normenkontrolle, Berlin 1999.

Sodan, Helge: Verfassungsrechtsprechung im Wandel – am Beispiel der Berufsfreiheit, in: Neue Juristische Wochenschrift 2003, 257–260 [zit.: *Sodan*, NJW 2003].

Starck, Christian/Stern, Klaus: Landesverfassungsgerichtsbarkeit, Baden-Baden 1983 [zit.: *Bearbeiter*, in: Starck/Stern, Bd.].

Stern, Klaus/Becker, Florian: Grundrechte-Kommentar, 4. Auflage, Köln 2023 [zit.: *Bearbeiter*, in: Stern/Becker, Art. Rn.].

Störig, Hans Joachim: Kleine Weltgeschichte der Philosophie, 18. Auflage, Stuttgart 2016.

Uhl, Susanne/Bernhard, Thomas/Sepsi, Szabolcs/Specht, Johannes: Willkommen im neuen Fleischindustriezeitalter!?; Wie Corona, jahrelanges Engagement Vieler und am Ende beherzte Minister die deutsche Fleischindustrie umbauten – eine erste Bilanz, in: Schmitz/Urban (Hrsg.), Arbeitspolitik nach Corona, Probleme – Konflikte – Perspektiven, Frankfurt/M. 2021, 321–335 [zit.: *Uhl/Bernhard/Sepsi/Specht*, in: Schmitz/Urban].

Umbach, Dieter C./Clemens, Thomas (Hrsg.): Grundgesetz Mitarbeiterkommentar und Handbuch, Heidelberg 2002 [zit.: *Bearbeiter*, in: Umbach/Clemens, Bd., Art. Rn.].

Wahl, Rainer: Der Vorrang der Verfassung, in: Der Staat 20 (1981), 485–516 [zit.: *Wahl, Der Staat 20 (1981)*].

Weinkopf, Claudia/Hüttenhoff, Frederic: Der Mindestlohn in der Fleischwirtschaft, in: WSI-Mitteilungen 2017, 533–539 [zit.: *Weinkopf/Hüttenhoff*, WSI-Mitt. 2017].

Wernsmann, Rainer: Wer bestimmt den Zweck einer grundrechtseinschränkenden Norm – BVerfG oder Gesetzgeber?, in: Neue Zeitschrift für Verwaltungsrecht 2000, 1360–1364 [zit.: *Wernsmann*, NVwZ 2000].

Wiedemann, Herbert: Anmerkung zu BVerfG, Beschluss v. 19.10.1993 – 1 BvR 567 u. 1044/89, in: JuristenZeitung 1994, 408–413 [zit.: *Wiedemann*, JZ 1994].

Zimmer, Reingard: Das Verbot des Fremdpersonaleinsatzes in der Fleischwirtschaft und dessen Anwendungsbereich, Es geht um die Wurst, in: Neue Zeitschrift für Arbeitsrecht 2022, 4–8 [zit.: *Zimmer*, NZA 2022].

Zöllner, Wolfgang: Regelungsspielräume im Schuldvertragsrecht, Bemerkungen zur Grundrechtsanwendung im Privatrecht und zu den sogenannten Ungleichgewichtslagen, in: Archiv für die civilistische Praxis 196 (1996), 1–36 [zit.: *Zöllner*, AcP 196 (1996)].

Zuck, Rüdiger: Political-Question-Doktrin, Judicial-self-restraint und das Bundesverfassungsgericht, in: JuristenZeitung 1974, 361–368 [zit.: *Zuck*, JZ 1974].

In der Schriftenreihe des Hugo Sinzheimer Instituts
für Arbeits- und Sozialrecht sind zuletzt erschienen:

Band 49   Wolfgang Däubler
          Klimaschutz und Arbeitsrecht
          ISBN 978-3-7663-7366-3

Band 48   Reingard Zimmer
          Das Lieferkettensorgfaltspflichtengesetz
          ISBN 978-3-7663-7312-0

Band 47   Peter Stein
          **Das kirchliche Selbstbestimmungsrecht im Arbeitsrecht
          und seine Grenzen**
          ISBN 978-3-7663-7295-6

Band 46   Bernd Waas
          Künstliche Intelligenz und Arbeitsrecht
          ISBN 978-3-7663-7294-9

Band 45   Victoria Koch-Rust/Gabriele Rosentreter
          Rechtsstellung Dual Studierender
          ISBN 978-3-7663-7287-1

Band 44   Michael Kittner/Ernesto Klengel
          Die Entstehung des Kündigungsschutzgesetzes
          ISBN 978-3-7663-7284-0

Band 43   Thomas Klein/Daniel Klocke/Monika Schlachter
          **Standort- und Beschäftigungssicherung in Tarifverträgen
          und Betriebsvereinbarungen**
          ISBN 978-3-7663-7279-68

Band 42   Achim Seifert
          **Kollektivverträge für wirtschaftlich abhängige Selbständige
          und unionsrechtliches Kartellverbot**
          ISBN 978-3-7663-7220-8

Band 41   Wolfgang Däubler
          **Interessenvertretung durch Betriebsrat und Gewerkschaften
          im digitalen Betrieb**
          ISBN 978-3-7663-7188-1

Band 40   Henner Wolter
          **Arbeitsrecht bei Umstrukturierung von Betrieben
          und Unternehmen**
          ISBN 978-3-7663-7167-6

Weitere Informationen zur Schriftenreihe:
www.hugo-sinzheimer-institut.de